KB152862

아스타나 메체츠

알마티의 텐샨

그립고 고마운 동료들

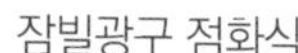

잠빌광구 점화식

유전지대 방문

홍범도 장군 추모식

카자흐방송 인터뷰

케이팝 경연대회

한류공연 후

알파라비 카자흐 국립대 학생들과

말달리기 축제

카자흐스탄 농가

동일하이빌 아파트(아스타나) 앞에서

중소기업인들과 함께

혹한에 버스를 기다리는 사람들

항공기 얼음 제거 작업

한 샤트리 쇼핑몰

카자흐 석유공사(카즈무나이가스)

아스타나 오페라

외교장관, 정보부장, 아스타나 시장과

바이메노프 공공행정처 장관

조지 크롤 미국대사 면담(미국-중앙아시아 포럼 구상)

사파르바예프 경제부총리 면담

이드리소프 외교장관 주최 이임 오찬

핵무기를 버리고 경제건설하는 카자흐스탄

백주현 지음

〈저자소개〉

학력 1976 경복고 졸업, 1984 서울대 사범대 영어교육과, 1989 미국 국방성 언어연구소(러시아어) 수료, 1993 러시아 연방 외교아카데미 역사학 박사

경력 1985 외교부입부, 러시아 과장, 주 러시아 참사관, 유럽국 심의관, 총리실 외교심의관, 재외동포 영사국장, 주 카자흐스탄 대사(2012-2015), 주 휴스턴 총영사(2015.3- 2017.3)

논문 및 저술

역사학 박사 논문 "한반도 통일에 있어서의 러시아 팩터", 러시아 연방 외교 아카데미 1993
러시아가 뛴다(2005, 경진문화사) 신 러시아가 뛴다(2008, 경진문화사), 에너지 시장의 파워게임(2016, 글로벌콘텐츠)

핵무기를 버리고 경제건설하는 카자흐스탄

1판 1쇄 인쇄_2019년 02월 15일
1판 1쇄 발행_2019년 02월 25일

지은이_백주현
펴낸이_홍정표
펴낸곳_글로벌콘텐츠
등록_제25100-2008-000024호
이메일_edit@gcbook.co.kr

공급처_(주)글로벌콘텐츠출판그룹
주소_서울특별시 강동구 풍성로 87-6(성내동)
전화_02) 488-3280 **팩스**_02) 488-3281
홈페이지_http://www.gcbook.co.kr

값 15,000원
ISBN 979-11-5852-231-5 03340

프롤로그

카자흐스탄의 수도 아스타나에는 10월 어느 날엔가는 첫눈이 온다. 그 날이 정해져있는 것은 아니지만 분명히 눈이 온다.

그리고 겨울이 시작되기만 하면 그 전까지 있었던 여름의 기억은 빨리 사라져간다. 여름의 그리고 짧은 가을의 모든 흔적은 순간에 사라진다.

그리고 우리는 서서히 아스타나에도 여름이, 따스한 날이 있었다는 것을 기억하지 못하게 된다.

침대에 누워 뒤척이며 여름날의 달콤함을 조금이라도 기억해 내려고 머리를 쥐어짜다가 지쳐서 동면의 상태로 들어간다. 적어도 여섯 달은 잠을 자는 거다. 시간이 너무 더디게 간다. 나는 자리에서 일어나 컴퓨터에 앉아서 여름 동안 적어두거나 모아두었던 자료들을 정리하여 글을 써 내려갔다.

아스타나에 와서 한 해가 정말 길고 긴 것이구나 하고 처음으로 느꼈다. 아마도 내 기억으로는 초등학교시절 농촌에 살면서 넓은 밭과 논에 나가 농사일을 하면서 여름이 너무 길다고 느꼈던 것이 세월의 지루함을 느꼈던 마지막이었을 것 같다.

5월이 되면 그 많던 관저 마당의 눈도 녹는다. 이제 활동의 계절이 돌아온 것이다. 카자흐스탄에 진출해 있는 우리 기업들이 같이 출장가자고 제안해온다. 서부의 악타우, 아티라우, 북부의 악토베, 쿠스트나이, 남부의 알마티, 쉼켄트, 크즐오르다, 동부의 외스케맨, 카라간다, 파블로다르로 출장이 이어진다.

비행기로 도시에 내려 일을 보는 경우도 있지만 때로는 헬기를 타거나 스텝사막을 가로 질러 허머 같은 중장비 차량으로 이동한다. 사람이 활동할 수 있는 시간이 한 해의 반 정도 밖에 안 되니 부지런히 움직여야 한다. 그래도 다행인 것은 여름은 쾌청하고 해가 오랫동안 떠 있다는 것이다. 저녁 아홉시가 넘어야 어두움이 흐릿하게 다가온다.

부임해서 만났고 마음을 터놓고 같이 근무했던 동료 직원들에게 나는 아스타나가 다른 곳보다 좋은 점 찾기 운동을 해보자고 했다. 공기가 깨끗하다. 어느 장소에 가도 파킹하기 쉽다. 스케이트장이나 테니스 코트도 시설이 좋고 저렴한 가격으로 즐길 수 있다. 카자흐인들의 외모가 우리와 비슷하고 마음씨들이 곱다. 한류와 한국 배우기 열기가 강해서 신이 난다. 수준 높은 오페라와 발레를 최고급 아스타나 오페라에서 즐길 수 있다. 아스타나는 때로는 외롭고 심심하기도 했지만 생활의 활력소를 제공해주는 도시였다.

긴 겨울의 외롭고 적막한 시간을, 그리고 화창한 여름의 바쁜 시간을 같이한 동료들의 이름을 되새겨 본다. 송금영 공사, 진기석 공사, 홍윤근 공사, 김홍표 참사관, 위명재 문화원장, 이대원 문화원장, 이병훈 참사관, 한성진 참사관, 정우진 참사관, 조병준 선거관, 김윤식 서기관, 성기주 서기관, 박주연 서기관, 조승희 주무관, 김경미 주무관, 지유진 통역관, 성나랑 주무관, 정승수 주무관, 박중경 주무관, 파리자, 이나라, 보타, 알리아, 베렉, 바우르잔, 아쎌, 아이잔, 울잔, 사울레, 로자, 누르잔. 그리고 알마티 분관의 손치근 총영사. 감사합니다. 울컨 라흐멧!

차례 • CONTENTS

제2부

카자흐스탄의 국가건설

제3부
도전과 응전

제4부

중앙아시아 국가들의 경쟁

제1부
산업 현장을 가다

01
주 카자흐스탄 대사로 부임하다

2012년 3월 7일.

인천 공항에서 아시아나 항공 비행기에 탑승했다. 좌석에 앉자 만감이 교차했다. 승무원들도 나의 부임을 축하해주었다.

드디어 내가 대사로 부임하는구나 하는 감회가 느껴졌다. 외교관은 대사가 되는 꿈을 꾸고 산다고 했던가?

1987년 남다른 생각을 안고 미국 캘리포니아 몬테레이에 위치한 미 국방성 언어연구원으로 러시아어 연수를 떠날 때의 생각이 났다. 1990년 1월 30일 모스크바 쉐레메치에보 공항에 도착, 대한민국 외교관으로는 처음으로 설레는 마음으로 소련에 입국했던 때도 생각이 났다.

외교 불모지에 한 송이 꽃을 피워보겠다는 소망. 그 소망이 아직도 내 마음 속에 깊이 남아있음을 느꼈다. 다행이었다. 긴긴 세월이 흘렀지만 젊은 청년의 마음 속에 있던 불꽃이 사그라지지 않고 남아 있었다.

알마티 국제공항에 도착하자 집사람과 함께 공항귀빈실로 안내되었다. 알마티 분관장과 한인회장, 고려인협회 부회장 등이 환영하여 주었다. 다음 날이 3월 8일, 여성의 날이라 집사람은 커다란 장미 꽃다발을 선물로 받고 즐거워했다.

외교관이 되어 대사가 되는 것은 어떤 의미를 갖는 것일까?

무엇보다도 주재하는 국가에서 우리나라를 대표하고 우리국민들의 이익을 보호하는 총 책임자라는 의미를 가질 것이다. 대사로서 근무하면서 이러한 의무가 무엇인지 절실하게 깨닫게 되는 계기가 반복되어 내게 다가왔다.

개인적으로는 외교관으로서의 경력이 결실을 맺어 피어나는 의미가 있을 것이다. 실무자로 시작하여 국장까지 거치면서 단계별로 많은 체험과 어려움, 때로는 위기를 극복하면서 올라온 자리이니 더욱 뜻이 깊었다. 선배 대사들을 보면서 때로는 선망하고 때로는 비판도 하면서 지향해온 자리 아닌가?

1991년 소련으로부터 분리되어
독립국가가 된 카자흐스탄공화국

외교관들은 자신의 전문성을 살려서 조직 내에서의 위상을 높여 가려고 노력한다. 나는 카자흐스탄 대사로 결정되기 전에 카자흐스탄에 이미 30번 이상 출장을 가본 상황이었다.

1990년 주소련 대사관 창설요원으로 부임한 이래 그 당시 독립국가가 아니었던 카자흐스탄, 우즈베키스탄 등으로의 출장이 잦았다. 통역업무까지 했기에 출장 횟수는 더 많았다.

주위에서는 모두 중요한 나라의 대사로 가게된 것을 축하해주었다. 그도 그럴 것이 외교부 160여 개 공관 중의 60% 정도는 5인 이하의 직원이 근무하는 소규모 공관이기 때문이다. 그런데 카자흐스탄은 9인 공관이니 중간 규모의 공관이기 때문이다. 게다가 26개 전략 공관 중의 하나였다.

부임 후 처음 한 일은 아스타나에 근무하는 다른 대사들을 만나는 것이었다. 면담을 하고 돌아 나오는 나를 웃게 한 일은 그들이 왜 이곳에 대사로 오게 되었는가 하는 것이었다.

터키 대사는 아주 적극적인 여성 대사였다. 그녀는 대사 발령 전 모스크바에서 5년간이나 공사로 근무하였다. 외교장관에게 따뜻하고 살기 편한 지역으로 보내달라고 했더니 외교장관이 "당신 같은 인재를 외교부내에서 어떻게 찾겠는가? 카자흐스탄은 터키에게 아주 중요한 나라이니 만큼 대사직을 꼭 수락해주기 바란다"라고 했다는 것이다. 터키는 카자흐스탄 내의 건설물량 70%를 장악하고 있는 국가이다. 전국에 터키계 사립대학 2개를 설립하고 대학과 고교에 터키어 과정을 다수 운영하고 있다. 한국건설업계의 진출에 대해 경계심을 보이기도 했다.

터키 대사 이외에도 미국, 중국, 프랑스, 독일 대사 등이 러시아 전문가 이거나 근무경력이 있는 인사였다. 카자흐스탄과의 관계가 밀접한 국가일수록 러시아나 CIS국가 근무 경력자를 대사로 임명한 것을 알 수 있었다.

대사로서 업무를 시작하면서 나는 대사직이 무척 신나고 즐거운 자리라는 생각이 들기 시작했다. 카자흐스탄에서 우리 기업들이 대규모 경제프로젝트를 추진 중이었기 때문이다. 그리고 카자흐스탄 젊은이들 사이에서 한국 노래를 따라 부르고 한국어를 배우고자하는 열기가 한껏 올라 있었기 때문이다. 또한, 카자흐스탄의 장·차관을 비롯한 공무원들이 나자르바예프 대통령의 리더십 아래 국가 발전을 위해서 열심히 일하고 있었기 때문이다.

대사관에는 열혈 외교관들이 대사의 일정을 빡빡하게 준비해두었다. 경제담당 한성진 참사관, 자원담당 이병훈 참사관, 위명재 문화원장, 그리고 차석은 나와 3번이나 같이 근무한 러시아 전문가 송금영 공사였다. 도착 직후에는 아스타나 주재 외국대사들과 케이팝 공연을 보는 것으로 시작되었다.

그 다음 주부터는 외교부와 경제부처 장관들 면담이 줄을 이었다. 우리 기업들이 추진 중인 프로젝트에 관련된 부서, 협력 사업을 추진 중인 부서와 카자흐스탄이 한국으로부터 도입하려는 기술, 교육협력 등에 관한 의제에 대한 협의가 이루어졌다. 그리고 부임 초 5개월 동안 7차례의 지방 출장도 추진되었다. 직원들이 그 동안 얼마나 업무를 장악하고 열심히 해왔는지를 짐작하게 하는 대목이다.

그렇게 나의 대사로서의 업무가 시작되고 있었다.

02
비전을 갖춘 지도자, 나자르바예프 대통령

누르술탄 아비셰비치 나자르바예프 카자흐스탄 대통령.

그는 비전을 갖춘 출중한 지도자이다.1991년 소련으로부터 분리되어 독립국가로 카자흐스탄공화국을 세운 대통령이다.

나는 1990년부터 그를 접할 기회가 있었다. 당시에 우리나라는 모스크바에 대사관을 열었다. 카자흐스탄은 소련방을 구성하는 15개 공화국중의 하나였다.

나는 공로명 대사를 수행하여 카자흐스탄을 방문했다.

대통령 집무실에서 면담이 있었다. 나는 통역을 담당했다. 나자르바예프 대통령은 공로명 대사에게 카자흐스탄을 경제적으로 발전시킬 수 있는 방안을 묻기 시작했다. 공 대사는 일목요연하게 카자흐스탄이나 브라질 같은 자원보유국들에게 맞는 장기적인 발전 방법론을 설명하였다. 나자르바예프 대통령은 대화 중에 버튼을 눌러 참모들을 불러 모으기 시작했다. 면담이 끝날 때쯤 카자흐스탄측은 10여 명으로 불어났다.

나자르바예프 대통령은 이미 장기적인 구상을 갖고 있었다. 답을 맞추어 보듯이 공 대사와 문답을 해나갔다. 어쩌면 독립 후의 카자흐스탄 경제 발전은 이 날의 대화내용 중 상당 부분이 반영되었는지도 모른다.

20여년이 지나서 다시 만나게 된 나자르바예프 대통령은 독립 후부터 갖고 있던 국가건설에 대한 비전을 그대로 유지하면서 국민들에게 이를 제시하고, 열심히 추진해 나가는 지도자로 남아있었다. 구소련(舊蘇聯)이 붕괴하고 나서 독립국가가 된 15개의 국가들에는 나자르바예프 대통령처럼 연속 집권하고 있는 국가 원수들도 있고 여러 번 대통령이 바뀐 국가들도 있다. 그중에서 국가발전 계획을 가장 꾸준하게 추진해 나가고 있는 사람으로는 제일 먼저 나자르바예프 대통령을 꼽을 수 있을 것이다.

그러나 나자르바예프 대통령 자신이 언급했듯이 관료들이나 국영기업들이 정말로 실질적이고 성과가 날수 있도록 일하고 있는

가에는 강한 의문이 제기되고 있었다. 또한 지난 20여 년간 경제성장을 하면서 사회 곳곳에 덕지덕지 붙어있는 부패구조도 시급히 해결해야 할 과제였다. 대통령이 2014년 급기야 반부패방지위원회를 출범시키기에 이르렀다. 전 세계 국가들 중에서 부패지수가 140위권에 머무를 정도였다.

나자르바예프 대통령이 제시한 국가발전 2050의 성패는 위의 두 가지 요소에 달려있을 것이다. 세계화의 진전에 따라 완전경쟁으로 전개되는 세계경제 무대에서 국내적인 모순을 잔뜩 짊어지고 경쟁에서 이길 나라는 없을 것이기 때문이다.

1990년대 초반 소련에서는 "사람들은 일하는 척만 하고 국가는 임금을 지불하는 척만 한다"라는 시니컬한 표현이 유행한 바 있다. 카자흐스탄이 구시대의 잔재를 얼마나 빨리 효과적으로 청산하고 몸을 추스르고 앞으로 치고 나갈 것이지 자못 기대가 된다.

우리 정부나 기업의 입장에서는 카자흐스탄이 안고 있는 부정적인 현상에 너무 매몰되어서는 곤란할 것이다. 어느 국가나 한때는 음울하고 거친 시대를 거쳐서 양지쪽으로 나아가는 것 아닌가? 그보다는 국가나 국민이 나아가는 방향성에 주목하고 선제적이고 공격적으로 관계를 확대해 나가는 전략이 유효할 것이다.

더욱 중요한 것은 그러한 과정에서 절실히 필요한 도움을 진정한 친구의 입장에서 주는 것이다.

받아 적기를 시키거나 설교를 하는 것은 득보다 실이 클 것이다. 스텝을 서투르게 밟으며 나의 구두에 자국을 남기더라도 꾸중을 하면 안 된다. 그래서야 신바람이 나겠는가?

03
카자흐스탄 최초의 시추선 건조

대사로서 차분하고 순조로운 출발을 한 나에게 첫 번째 난제가 제기되었다.

서부 악타우항에서 대우조선해양이 건조 중이던 해상 시추선의 공정이 늦어지고 있다는 소식이 날라들었다. 이 시추선은 완성 후 더 북쪽에 위치한 잠빌 해상광구에 투입될 예정이었다. 잠빌 광구는 2008년 급등하는 유가를 배경으로 우리 정부의 적극적인 에너지외교 성과로 확보한 광구였다.

시추선의 건조가 지연되면 연내 실시키로 예정되어있던 시추가 무산될 가능성도 있었다. 그럴 경우 2013년 상반기까지 2공을 시추해야하는 일정이 지연되어 복잡한 상황이 전개될 수도 있었다.

더구나 서울에서는 신정부 출범 이후 언론들이 이명박 정부의 에너지 외교가 알맹이 없이 부실하였다고 연일 지적하고 있는 상황이었다. 카자흐스탄도 부실한 사례로 거론될 위험성이 있었다.

나는 이병훈 참사관에게 악타우 방문을 빨리 준비해보라 했다. 악타우와 알마티를 방문한 나는 우선 악타우항의 선박 건조현장을 찾았다. 컨테이너 박스 숙소에서 일주일에 6일 동안 주야 작업을 하고 있는 우리 근로자들은 나를 반갑게 맞아주었다. 강풍이 몰아치는 열악한 환경에서 고군분투하는 직원들은 나의 방문이 몹시 반가운 것 같았다.

대우조선해양과 석유공사 전 직원들이 나와서 도열해 있었다. 현장 사무소장의 안내를 받아 두 세 사람의 대표하고만 악수를 하고 브리핑장으로 들어가려는데 사무소장이 "여기까지 오셨는데 직원들 모두 손 한번 잡아주시죠."하는 것이었다.

순간 나는 당황했다.

"그럽시다." 하면서 한 명 한 명 손을 잡고 지낼만하냐고 묻는데 눈물을 글썽이는 사람도 있었다. 어려운 여건에서 현지인들과 말은 안통하고 고생들 참 많았구나하는 생각이 들었다.

사실 초임 공관장으로서 모든 사람과 악수를 하는 것은 좀 어색했다. 정치인이나 장관도 아닌데 내가 너무 폼 잡는 것 같은 느낌이 들었던 것이다. 그런데 내가 만나는 사람들은 전혀 다른 느낌으로 대사를 맞이하여 주었다. 이 날을 계기로 나는 카자흐스탄 전역을 출장하면서 우리 고려인 동포들이나 지상사원들을 만나면 시간을 들여서 일일이 악수를 하곤 했다.

나는 라면과 부식물을 선물로 건넸다. 오찬을 같이 하면서 그 동안의 작업 과정과 애로사항을 들었다. 공정 지연의 주요 원인은 카자흐스탄 하도급 업체의 작업 부진이었다. 우수한 엔지니어가 충분치 않은 현지 업체가 공기에 맞추어 제대로 작업하기는 힘든 일이었다. 그러나 자기나라 기업과 근로자도 육성해야 하는 카자흐스탄 정부로서는 소위 말해 로컬 콘텐츠를 강조했다.

대우조선해양은 서울에서 우수 기술인력을 즉시 현장에 증파했다. 악타우항은 카스피해의 강풍 때문에 조업 조건도 나쁜 편이어서 조업이 자주 중단되고 있었다. ERSAI조선소의 감독은 이태리인이었다. 안전 조업을 강조하는 원칙주의자였다.

다음 날 나는 망기스타우 주지사를 면담했다. 그는 몇 개월 전 발생했던 자나오젠 유전지대 노동자 충돌 사태의 수습을 위해 나자르바에프 대통령에 의해 임명된 주지사였다. 중앙에서 내무장관까지 지낸 실력자였다. 나는 주지사에게 "시추선 건조작업은 카자흐스탄 국내 최초의 중요한 작업이고 나자르바예프 대통령도 관심을 갖고 있는 사안인 만큼 한국과 카자흐 양측이 모두 각자 할 일을 철저히 완수하여 공기 내 완성하자"고 제안했다. 주지사는 나의 손을 꽉 잡으며 "신임 대사가 첫 출장지로 망기스타우 주를 찾아준데 사의를 표한다. 공기 지연이 없도록 서로 노력하자"라고 화답했다.

나는 악타우를 방문한 기회에 세관도 방문하였다. 석유공사나 대우조선해양으로서는 자재 도입하는 과정에서 세관의 협력이 절실히 필요하다고 했기 때문이다. 세관장은 나를 아주 반갑게 맞이하였다. 대사가 세관을 방문하기는 처음이라고 하기도 했다.

아스타나로 돌아오자마자 나는 감사 서한을 발송했다. 마음이 급한 나는 사본을 팩스로 보내도록 했다. 서한에는 당연히 시추선 건조 작업이 조만간 마무리 되도록 협조해 줄 것을 상기시켰다. 3시간 후 주지사는 답신을 보내왔다. 일주일 후 주지사는 5월말 시추선을 완성하고 6월 14일에 진수식을 거행할 수 있도록 추진하고 있다고 재차 알려왔다.

5월말 시추선은 완성되었다. 6월 14일 카자흐 측에서는 아흐메토프 부총리와 망기스타우 주지사가, 우리 측에서는 석유공사와 대우조선해양 대표들이 참석한 가운데 진수식이 거행되었다. 두 번째 악타우항을 방문하러가는 나의 발길은 날아갈 듯 가벼웠다. 다시 만난 양측 인사들은 오랜 친구처럼 악수와 어깨동무도 하면서 서로의 노고를 위로했다. 4월초 첫 방문 때는 심각하고 긴장의 연속이었다면 이번에는 축제에 참석하는 기분이었다.

7월말 석유공사는 시추선 관련 자재와 장비 등을 하루 만에 무관세 통관 시키는 또 하나의 쾌거를 올렸다. 이미찬 부장이 1년 반 이상 러시아의 경우를 참조하여 카자흐 측과 교섭 끝에 이룬 성과였다. 500억 원 이상의 세금을 면제 받아 회사 재정에 크게 기여하였다. 석유공사 측은 대사관이 관세위원회에 협조 서한도 보내고 면담도 했던 것이 도움이 되었다고 감사의 뜻을 전해 왔다.

악타우 출장에 앞서 관세위원장을 만나 석유공사의 통관문제와 2011년 하반기 내내 우리 업체들에게 피해를 주었던 호르고스 세관 통관 문제와 물류문제 해결을 위해 협조를 당부했다. 그는 며칠 전에 우리 관세청장과도 알마티에서 좋은 회담을 가졌다고 하면서 카자흐 정부가 획기적으로 세관 통관 절차를 개선할 예정이라고 소개하기도 했다. 시추선 무관세 통관이 이루어진 직후 관세위원회에도 공한을 보내 심심한 사의를 표했다.

그런데 8월말에 뜻하지 않았던 또 다른 문제가 발생했다.

아티라우 현장으로의 이동배치에 앞서 시운전을 한 결과 여러

가지 기술적 하자가 발견된 것이었다. 늦어도 8월 중순까지는 현장에 도착해야 12월 해수 결빙 전에 1차 시추가 가능했는데 이제는 연말 전에 시추가 불가능해진 것이다. 무리하게 시추를 강행할 경우 1억 달러에 가까운 시추 비용만 날릴 가능성이 제기 되었다.

나는 대통령의 카자흐스탄 방문을 앞두고 터져 나온 상황을 그대로 서울에 보고했다. 석유공사와 한국 컨소시움 참여업체는 연내 시추 포기를 결정하였다. 2013년 4월 이후 시추를 시작하여 연내에 2공을 시추하기로 계획을 변경하였다. 카자흐스탄의 혹한과 그로 인한 카스피해의 결빙문제는 특히 해상유전 개발의 결정적인 한계요인이다.

또한 카스피해는 다른 바다로의 접근이 용이치 않은 내해여서 시추선이 옮겨오는 것도 불가능하다. 그래서 한국 시추선의 최초 건조가 큰 의미를 갖는 것이었다.

어쨌든 2012년 말까지 시추가 시작되지 못한 것은 아쉬운 일이었다. 러시아나 카자흐스탄에서 개발광구 시추가 지연된 후 광권을 박탈당한 경우가 있었던 터라 걱정이 되는 일이었다. 한국과 카자흐스탄간의 관계가 긴밀하니 우격다짐으로 광권이 몰수되는 일은 없겠지 하는 낙관론을 펼 수만은 없는 일이었다.

자원개발은 장기간 투자해야 하고 기술적으로도 난관이 많지만 손쉽게 돈을 벌 수 있다고 판단하여 호시탐탐 남의 개발권도 가로채려는 회사들이 있다. 그뿐만 아니라 이를 담당하는 부처들 내부나 관계부처 간의 보이지 않는 이권 다툼도 유의해야 한다. 예를 들면 석유가스부, 산업 신기술부, 그리고 국부 펀드 등은 협력하는 경우도 있지만 상호 견제하는 경우도 많다.

그래서 나자르바예프 대통령의 프로젝트 추진에 대한 의지를 계속 관리하는 것이 필요하다. 대통령의 관심은 대규모의 고용효과를 수반하고 국민들에게 가시적인 성과를 보여주는 것이었다.

모든 국가원수의 공통적인 관심사라고 치부해 버릴 수도 있지만 카자흐스탄 대통령에게는 그 무엇보다 중요한 것이었다. 1991년부터 20년간 장기집권을 한 점, 중동의 민주화 바람을 타고 미약하지만 카자흐스탄 내에서 꿈틀거리기 시작한 민주주의에 대한 관심, 그리고 러시아에서의 반푸틴 시위 확산은 나자르바예프 대통령을 불안하게 하는 요소였다.

반면에 카자흐 국민들의 대통령 업무수행에 대한 지지도는 압도적으로 높기 때문에 일종의 부자 몸조심 성격도 있었다.

04 외스케맨 방문

동카자흐스탄의 주도 외스케맨을 방문한 것은 긴 겨울의 끝자락이었다. 한민족의 발원지 일지도 모른다는 알타이 지역이 포함되어 있는 주이다.

포스코 티타늄공장 건축현장, 기아차를 조립 생산하는 아시아 아프토를 방문했다. 포스코 티타늄공장은 그 이후 공정에 차질이 생겨 지분을 상당부분 팔고 투자를 축소하였다. 사업을 착수할 때 철저한 현지 사정과 상 관행에 대한 연구가 부족했던 경우로 남게 되었다.

아시아 아프토는 기아차뿐만 아니라, 쉐브롤레, 쉬코다, 니바 등을 조립 생산한다. 러시아와의 관세동맹은 아시아 아프토에게는 최대의 호재가 되었다. 여기서 조립 생산된 차들은 카자흐스탄 국내뿐만 아니라 러시아 남부지방과 시베리아 지역까지 팔려나간다. 기아차의 경우 년 간 5천 대 분량의 부품을 공급 받다가 1년 만에 1.5만 대까지 급속히 늘어났다. 기아차는 해외에서 조립 생산되는 것을 좋아하지 않는다. 서울에서 완제품을 만들어 팔기를 원하기 때문이다.

아스타나나 알마티 시내에는 기아차나 현대차, 쌍용차의 모습이 급속도로 늘어나기 시작했다. 신차를 구입하려면 평균 3개월을 기다린다고 한다.

아마도 대사가 에쿠우스를 타는 것도 홍보효과가 있었으리라. 차를 타고 시내를 달리다보면 옆의 운전자들이 우리 차를 유심히 바라보고 있음을 느낀다. 앉은 자세를 바로 하게 되고 자주 세차를 하여 청결하게 유지토록 지시하곤 한다. 우리 자동차 제조사가 과거처럼 여럿이었으면 특정 회사의 차를 타는 것도 어려웠겠구나하는 생각도 들곤 한다.

면담하던 중간, 비는 시간을 이용해 박물관도 방문했다. 동카자흐스탄 지역의 식물과 동물들을 박제하여 전시한 곳도 있다. 낮은 평야부터 높은 산악지대까지 일 년의 4계절과 다른 기후대가 다양하게 분포되어 있어 동식물 분포현상을 연구할 수 있는 천혜의 지역이라고 한다.

스탈린 시대에 지어진 수력발전소도 방문했다. 중국에서 카자흐스탄으로 흘러들어오는 물줄기를 저장하여 발전을 하고 있다. 소장과 엔지니어들은 대부분 러시아인이었다. 기술 분야의 엔지니어들은 대부분 러시아인인 것이다.

카자흐인 엔지니어의 심각한 부족현상은 기술 분야의 러시아인, 독일인들의 유출과 맞물려 경제 성장을 위한 동력을 잃게 한 듯하다. 독립 후 이러한 인적구성 관리에 실패한 후유증이 오래 갈 것 같다.

중국인들의 진출이 눈에 띤다. 중국인들은 벌써 재래시장의 상권을 장악했다고 한다. 스탈린의 집단 농장화를 피해 소련을 탈출하여 중국의 신장지역으로 이주한 카자흐인이 70여 만 명에 이른다고 한다. 이들은 신장지역의 동카자흐스탄 진출의 중요한 연결자들이다. 중국말을 하면서 살지만 개중에는 카자흐말이 유창하고 카자흐의 문화와 관습에 정통한 사람들이 많이 있으니 다른 외국인 투자자들에 비해 소통이 훨씬 부드럽다.

스탈린에 의해 카자흐스탄으로 강제 이주 당했던 고려인들과는 역방향의 움직임이지만 양국 관계에 도움이 되는 면에서는 유사성을 갖고 있다.

외스케맨은 구소련 시절 금단의 지역이었다. 우라늄 등 전략물자를 생산하는 지역이라 외부인의 출입은 철저히 통제되었다. 지금도 이 공장이 가동 중인데 지역주민들에게는 건강상 문제를 야기하고 있다는 우려가 있다. 때때로 방사능 지수가 급격히 올라가는 경우가 있고 이 경우 주민들에게는 경보를 발령하고 있다.

카자흐스탄의 동북부 지역 중 파블로다르와 카라간다는 중화학공업 위주의 산업시설, 세미팔라틴스크는 핵 실험장이었기 때문에 외스케맨과 함께 환경오염과 주민 건강문제에 대한 특단의 대책이 필요한 지역이다.

사파르바예프 주지사는 나와의 면담에 방송사와 언론들을 배석시킨 가운데 한국과의 협력의지를 강력히 피력했다. 방송카메라가 돌아가는 상황에서 면담을 하는 것은 좀 당황스러웠다. 진지하고 친밀하게 대하는 주지사에게 믿음도 생겼다. 그 이후에도 나를 자주 초청하더니 2014년에는 경제부총리가 되어 아스타나로 돌아왔다. 행사에 참석한 내 자리까지 일부러 와서 반갑게 인사를 건네는 그의 모습이 남달라 보였다.

05 케이팝 경연대회

케이팝이 카자흐 젊은이들을 들뜨게 하고 있었다. 알마티와 아스타나에서는 매년 케이팝 경연대회가 열린다.

때로는 한국에서 초청가수들이 방문하여 열광적인 환영을 받기도 한다. 내가 부임하기 한 해전 아스타나의 콘서트홀에서는 안전사고가 날 뻔 했다고 한다. 주몽에 출연한 송일국과 꽃보다 남자의 김준이 왔는데 초청장을 받지 못한 학생들이 콘서트홀 입장을 하려고 문을 밀다가 문짝이 떨어져 나갔다고 한다. 유럽대사들은 그 순간 카자흐 학생들의 함성이 하도 커서 귀가 멀 뻔했다고 나에게 실감나게 이야기하곤 했다. 고요하고 심심한 아스타나에 그런 일이 있을 법하긴 하다.

카자흐 학생들은 아스타나 문화원과 알마티 교육원에서 한국어를 배울 기회가 있어서 그런지 노래 가사 발음이 정확했다. 반면에 파블로다르, 콕시타우 같은 곳에서 온 학생들은 아직 한국어 발음하기를 힘겨워하는 것 같았다. 그러나 멜로디, 리듬, 표현하고자 하는 정서는 수준급이었다.

멋진 양복과 드레스를 맞추어 출연하는 학생도 있었다. 나는 모든 참가자에게 상을 주고 싶었다. 멀리서 온 학생들은 하루를 꼬박 기차 안에서 보내면서 먼 길을 오는 것이 안쓰러웠다. 나는 서울에서 미리 구입해온 케이팝 아이돌들의 음반과 브로마이드 등을 부상으로 제공했다.

한류스타 덕분에 나도 덩달아 인기가 있었다. 수상자들을 위한 조촐한 다과회가 열리면 경연 참가자들이 나하고 사진을 찍자고 다가온다. 대부분 한국에 가서 공부를 더 하거나 가수로서 활동할 꿈을 갖고 있다고도 한다.

카자흐스탄에서의 한류바람은 다른 나라에서와 별반 차이가 없을 것이다. 다만 순수 아마추어적인 호기심에 더해 한국의 대기업들이 진출하면서 취업의 가능성까지 함께 생각하는 모양이다. 삼성, 엘지, 포스코, 현대 등 굴지의 기업이 진출하자 한국에서 유학

중인 천여 명의 카자흐 학생들과 알마티 한국교육원, 아스타나 한국문화원에서 한국어를 배우는 학생들은 가슴 벅찬 희망을 갖게 된 것이다.

물론 한국 기업이라고 해서 한국어 능력이 채용 기준은 아니다. 업무 능력과 영어구사력이 더 중요할 수도 있다. 그러나 한국어와 한국 문화에 익숙해진 학생들은 한국인들과의 관계를 훨씬 부드럽게 이끌어 갈 수가 있으니 장점이 있다고 하겠다. 지방 출장을 가면 대학을 방문하는 경우가 많다. 대학에서는 나름 최우수 학생들을 모아놓고 한 말씀 해 달라고 한다. 그들의 관심은 한국유학의 가능성과 한국기업에의 취직 가능성이 대부분이다.

나는 부임 후에 한국문화원이나 교육원에서 행해지는 많은 행사에 참석하였다. 훈계는 가급적 피한다. 축사는 가장 짧게 하는 것을 원칙으로 했다. 그리고 청중들이 관심 있는 키워드를 가급적 활용했다. 내가 중고등학교 다닐 때 하루 종일 음악프로그램을 듣고 가사를 외우던 이야기, 노래를 잘 불러 보려고 노력했으나 성공은 못했다는 이야기, 그러나 그런 과정을 통해 어느 새 영어나 프랑스어 표현과 문화에 가까워졌다는 이야기를 하면 반응이 좋았다. 나는 케이팝에 푹 빠진 카자흐 학생들을 볼 때마다 고교시절이나 대학시절 좋아했던 팝뮤직을 수도 없이 듣고 그때마다 너무 행복했던 때가 연상되곤 했다.

그들의 흥미를 만족시키기 위해 집사람에게 노래를 가르쳐 보도록 부탁했다. 집사람은 휴직을 하고 유라시아 대학에서 한국어 강의를 하는 중이었다. 집사람은 100여 명의 학생들이 모인 자리에서 새타령을 가르쳤다. "꾀꼴, 꾀꼴... 뻐꾹, 뻐꾹, 뻑뻐꾹, 뻐꾹..." 하는 부분은 학생들이 따라 부르도록 하였다. 처음 들어보는 신기한 의성어를 깔깔대고 웃으면서 쉽게 따라하는 학생들이 정말 사랑스러웠다. 저들의 호기심과 한국에 대한 사랑이 좋은 결실을 맺기를 소원하게 되었다. 문화원에서 행사를 할 때는 일손이 많이 필요하다. 그런데 위명재 원장을 잘 따르는 자원 봉사자들이 많아서 일의 진행이 수월하였다.

매년 창원에서는 국제 케이팝 경연대회가 열린다. 2011년에는 21개 팀이 2012년에는 15개 팀이 결선에 나갔다. 카자흐스탄은 놀라운 결과를 냈다. 2011년에는 JAM이라는 남성 2인조가 그랑프리를, 2012년에는 Allem Star가 최우수상을 수상했다. 그 이후 대회 입상을 목표로 하는 카자흐 아이돌 그룹들이 우후죽순처럼 생겨났다.

그와 함께 전문적인 교육을 시키는 기획사도 나타나기 시작했다. 공연 내용을 들어보면 알타이어계의 카자흐스탄, 터키, 일본 출신의 가수들이 가장 한국어 발음에 가깝고 우리 정서도 잘 살려서 노래 부른다는 것을 알 수 있다.

2012년 하반기 싸이가 강남스타일로 전 세계를 강타했다. 카자흐스탄도 예외는 아니었다. 결혼식 피로연에서 카자흐어로 번역된 가사로 노래 부르며 하객 전체가 말 춤을 추는 현상까지 나타났다. 카자흐인들 중에는 싸이가 말 채찍을 돌리는 모양이 카자흐 스타일이라고 좋아했다. 말 채찍을 사용하는 모양이 나라마다 다르다는 것을 처음 알았다.

카자흐스탄 젊은이들과의 첫 만남은 부임 직후 문화원에서였다. 첫 만남이었던 한국어과정 수료식에서 나는 다음과 같은 격려사를 했다.

카자흐스탄 친구여러분,

2012년 3월 카자흐스탄에 부임한 백주현 대사입니다. 나는 1990년부터 카자흐스탄을 여러 번 방문하였고 지난 20여 년간 양국관계 발전계획에 참여해 왔습니다. 카자흐스탄은 저에게 집처럼 느껴지는 가까운 나라입니다.

이번에 대사로 부임하여 몇 가지 점에 놀라고 있습니다.

첫째는 여러분들이 한국문화와 한국기업에 보여주고 있는 관심과 사랑입니다. 아스타나에는 한국문화원이 그리고 알마티에는 한국교육원이 개설되어 있습니다. 자주 방문하여 주시고 부족한 점이 있으시면 좋은 의견도 제시해주시기 바랍니다. 최선을 다해 여러분들의 의견을 반영하도록 하겠습니다. 한국기업들은 여러분들과 함께 좀 더 좋은 제품, 좀 더 좋은 서비스를 제공하기 위해 최선을 다하고 있습니다. 한국기업들은 카자흐 땅에서 오랫동안 여러분들이 찾는 훌륭한 기업이 되도록 노력하고 있습니다. 많이 사랑해주세요.

둘째는 양국 기업들이 추진하는 크고 작은 프로젝트들이 양국 기업인들과 공무원들의 협조 하에 성공적으로 추진되고 있는 것입니다. 우리 두 나라의 지도자들은 각별한 관계를 유지하면서 양국관계를 전략적 동반자 관계로 격상시켰습니다. 카자흐스탄 관료들과 기업인들이 한국에서 온 파트너들과 진지하게 협력하여 양국관계가 질적, 양적으로 한 단계 더 상승해 나가기를 기대합니다.

앞으로 대사로서 양국 국민들이 서로를 좀 더 잘 이해할 수 있도록 쌍방소통형 문화협력을 확대해 나가겠습니다. 카자흐 학생들과 문화 예술, 교육계인사들이 자주 한국을 찾을 수 있도록 하겠습니다. 그리고 산업현장에서는 일자리 창출뿐만 아니라 양질의 교육의 기회를 제공하여 카자흐스탄이 추진하는 있는 산업다변화 정책이 성공을 거둘 수 있도록 기여해 나가고자합니다.

나는 앞으로 페이스북에서도 만나자고 제안했다. 그리고 문화원의 페친 들에게 친구신청을 하기 시작했다. 순식간에 천 명이 넘는 젊은 친구들이 생겼다. 이러한 카자흐 학생들과의 첫 만남은 몇 번의 인상적인 대화로 이어졌다.

타라즈에 출장을 갔다. 호텔 카운터 옆의 벽에 할아버지를 그린 유화그림이 걸려있고 그 밑에는 카자흐의 전통악기인 돔부라가 걸려 있었다. 100세까지 산 특별한 경우였다. 나는 호텔직원에게 누구냐고 물었다. 그리고 나는 페이스북에 올렸다. "타라즈의 전설, 잠빌 잠바예프. 유명한 시인이고 돔부라 연주가. 100세까지 산 정신적 지도자. 대중을 위한 강의도 하고 즐겁게 시를 읊으면서 행복하게 살았다고 합니다. 우리도 스트레스 받지 말고 여유 있게 살아봅시다."라고 올렸다.

그랬더니 이름이 익숙한 페친 카이포프가 내가 올린 내용을 즉시 러시아어로 번역하여 올렸다. 카자흐 친구들이 한국 대사가 무어라고 올렸는지 궁금하다고 물어 온다는 것이었다. 유라시아 대학 학생은 자기가 타라즈 출신이라 하면서 타라즈를 방문해 주어서 기쁘다고 했다. 카자흐인들의 자기문화, 자기 고향에 대한 자긍심이 참 대단하다고 느껴지는 순간이었다.

06
KIMEP대학 졸업식 참석

국제경제경영대학(KIMEP)은 1990년대 초반 미국 대학에서 강의하던 방찬영 교수가 알마티에 건립한 특수 대학이다. 방 교수는 캘리포니아 프레스노 주립대학 경제학 교수로서 나자르바예프 대통령의 경제 고문 역할을 맡아서 카자흐스탄에 정착한 인사이다.

그는 카자흐스탄이 신생 독립국가로서 국가 건설을 해나가는데 필요한 인재 양성이 필요하다는데 착안해서 이 대학을 세웠다.

나는 방 총장의 초청으로 이 대학 졸업식 귀빈으로 참석하였다. 이 대학 졸업생의 95%가 바로 취직이 된다고 하니 우리 대학생들도 부러워 할 일이다. 그 중 70%는 외국인 투자 기업에 취직한다고 한다. 4년 동안 모든 과목을 영어로 수업하고 외국인 교수들과의 토론을 하다 보니 카자흐스탄 학생들과 여러 면이 달라 보였다.

졸업장을 받으러 올라오는 모습부터 동료들을 향해 취하는 제스처 하나하나가 미국 대학의 모습과 너무나 닮은 것이었다. 유쾌하고 당당하고 긍정적인 태도가 눈에 들어왔다. 그들의 젊고 발랄한 모습에 나까지 흥겨워지는 것을 느꼈다.

저 들이 사회에 나가서 카자흐스타의 경제 제도나 상거래 관습을 많이 변화시키고 개선하겠구나 하는 기대감도 들었다.

한 해 졸업생은 600여 명에 불과하다. 일종의 특수 정예요원을 키우는 대학인 것이다.

그러나 이 대학도 강력한 경쟁대학의 출현으로 흔들리고 있다. 카자흐스탄 정부로서는 이제 자기의 힘으로 최고 대학을 만들어서 직접 운영해야겠다는 생각에 이른 것이다.

1994년 인문 법률대학이 신설되었다. 모스크바에 있는 국제관계대학과 유사한 대학이다. 2010년에는 나자르바예프 대학을 신설한다. 미국의 MIT를 벤치마킹하여 만든 대학이라고 한다. 이공계가 주력인 대학이다. 교수진의 상당 부분은 외국의 명문대학에서 초청되어온 사람들이다. 보수도 두둑하게 준다. 유명한 교수는 자기나라에서 받던 봉급의 두 배를 받는 경우도 있었다. 휴가비와 항공료도 잘 챙겨주니 단기로 왔던 사람들도 몇 년씩 있게 되는 경우가 늘어났다.

경쟁체제의 출현은 결코 나쁜 일이 아닐 것이다. 서로 경쟁하면서 좀 더 우수한 인재 양성기관이 육성되기를 바란다.

07
고려인 정주 75주년 행사

우쉬토베는 카자흐말로 3개의 언덕이라는 뜻이다.

카자흐스탄의 서남부에 위치한 자그마한 농촌 도시이다.

고려인들은 카자흐스탄 정주 75주년에 우리 정부와 함께 이곳 움막촌에 감사비를 세웠다. 기념식수도 함께 하였다.

75년 전, 연해주에서 영문도 모른 채 화물열차에 실려 시베리아를 가로질러와 혹한의 날씨에 스텝에 버려진 고려인들을 카자흐인들은 따뜻하게 맞이해주었다고 한다.

맨땅에 굴을 파고 움막을 짓고 생존의 몸부림을 쳤던 고려인들에게 카자흐인들은 따뜻한 인정을 베풀어 꽁꽁 얼어붙은 몸과 마음을 녹여 주었다고 한다.

아스타나에서 우쉬토베 인근도시인 딸띠꾸르간으로 가는 비행기에 올랐다. 열 명 남짓이 탄 비행기는 과연 비행이 가능할까 할 정도로 불안하고 초라했다. 에어컨이 제대로 작동이 되지 않아 기내 온도가 점점 더 올라가 도착했을 때는 온몸에 땀띠가 날 정도였다.

아스타나에서 민족회의 부의장이 직접 내려와 이민족 대표들을 모아놓고 카자흐스탄 정주 75주년 기념행사를 거행했다. 독일, 우크라이나, 그리스, 체첸, 폴란드 등 다양한 민족 대표가 한 자리에 모였다. 카자흐스탄이 120개가 넘는 다수 민족으로 구성된 다민족 용광로이구나 하는 생각이 들었다. 각 민족의 대표들이 강제이주의 진행 과정과 그 이후 카자흐인들과의 공동생활이 이루어진 과정을 상세하게 발표하였다. 카자흐인들의 생활 여건도 넉넉지는 않았는데 그래도 이주해온 다른 민족들을 따뜻하게 품어준 것만은 분명하구나 하는 생각이 들었다.

그리고 현재에도 카자흐스탄이 계속 유지 발전시켜나가고 있는 민족 간의 평화 공존정책(мир и согласие)이 전통이 깊구나하고 느껴졌다.

1937년 고려인들은 움막에서 첫 겨울을 지냈다. 봄이 오자 그들은 특유의 근면성을 발휘하여 벼농사를 본격적으로 짓기 시작했다고 한다. 스탈린은 이보다 10년 앞서 연해주 고려인의 일부를 이곳으로 이주시켰다고 한다. 벼농사가 가능한지를 실험해보기 위해서였다고 한다. 이것이 중앙아시아에서 처음으로 벼농사가 시작되는 기원이 되었다고 한다.

우쉬토베에는 지금도 밀가루 공장을 경영하는 고려인이 있다. 쉼켄트에도 있다. 그들의 원조는 1937년 이곳으로 이동해온 고려인임은 말할 것도 없다. 우리 민족은 어떠한 혹독한 자연환경에 던져지더라도 거기서 최고의 실적을 올리는 그런 민족인가 보다.

소련 시절 풍성한 추수를 하는 장면에는 항상 고려인들이 등장한다. 흐루시초프 공산당 서기장이 우즈베키스탄의 고려인 농장에서 볏단을 뽑아들고 파안대소하는 사진은 소련의 우수성을 세계에 뽐낸 것으로 유명하다. 고려인들은 현지인들보다 몇 배의 수확을 올리곤 했기 때문이다. 그러나 스탈린이 이끌었던 소련은 이들에게 고려인 학교를 세우는 것을 허용하지 않았다. 그래서 그들이 원동에서 살 때 유지하고 있던 한국어 능력은 점점 더 희미하게 사라져 간 것이다.

08
스텝마을의 태양광 발전소

카자흐인들은 오랜 세월 동안 유목민으로 살아왔다. 유목민들은 소규모 단위로 넓은 스텝에 흩어져 사는 특징을 갖고 있다.

싸리불락은 16세대가 사는 유목민 마을이다. 알마티에서 북쪽으로 200km 떨어져 있다. 지난 10여 년간 이 마을은 전기와 수도 없이 살아왔다.

대성에너지는 이 마을에 태양광 발전시설을 설치하고 거기서 생산된 전기의 힘으로 지하수를 퍼 올려 마을 전체에 식수를 공급한다. KOICA와 비용을 공동 분담한 이 프로젝트는 카자흐스탄 내에 조용한 반향을 일으켰다.

이곳에서 준공식이 열렸다. 아침 7시, 일찌감치 길을 나섰다. 비포장도로를 따라 스텝을 한 시간정도 들어가는데 생각보다 힘든 길이었다. 허머(hummer)라는 차에 타고 안전벨트를 했는데도 불안해서 시종 밖의 지형을 살필 수밖에 없었다. 좌우 상하로 끊임없이 차체가 요동쳤다. 멀미가 날 지경이었다. 유목민 마을은 우리 깡촌 마을과 비슷했다. 다른 점은 말과 양이 많아서 가난에 찌들었다는 느낌을 주지는 않았다.

대성에너지 사장과 총감독을 했던 박문규 부장은 이 조그만 시골 마을의 영웅이었다. 싸리불락은 일순간 비문명에서 문명권으로 진입하는 순간이었다. 시설을 운영할 마을의 핵심요원 3명은 서울에 가서 사용법에 관한 기술전수 교육도 받았다고 한다.

준공식이 끝난 다음, 마을 원로 집에서는 축하연이 베풀어졌다. 어디서 데려왔는지 가수들도 3-4명 초청이 되었다. 노래를 흥겹게 불러 신이 났다.

문제는 대사를 귀빈석에 앉혀 놓고 성찬을 대접하는 순서였다. 말고기와 어린 양 머리를 쪄서 부위별로 골고루 쟁반에 담아 와서 나에게 맛을 보라는 것이었다. 나는 보드카의 힘을 빌어 작은 조각을 입에 넣었다. 양고기는 맛이 있고 말고기는 담백했다.

그러나 쟁반에 담긴 형태와 양머리의 모양이 그대로 있어서 심적으로 잘 받아들여지지 않았다. 이병훈 참사관은 개의치 않고 맛

있게 먹고 있었다. 참으로 부럽다는 생각이 들었다.

중앙아시아와 카프카즈 지방의 손님에 대한 예우는 우리 못지않다. "아우어스 티"라는 카자흐말이 있다. 남의 집에 가면 손님은 당연히 그 집 음식을 맛보고 안주인의 솜씨를 칭찬한다는 의식이다. 유목민 가족은 나를 집 안까지 안내해주었다. 유르타라고 불리는 천막 형태의 집이다. 가축들을 키우고 젖을 짜서 먹는 과정, 건조시켜서 동절기에도 가족들의 영양분을 확보하는 과정을 설명해주었다.

유목민 들은 왜 대규모로 함께 모여 살지 않을까? 우선 말과 소, 양들을 키우기 위해서는 주위에 충분한 풀이 자라야 한다. 둘째는 가축을 대규모로 키우다가 역병이 돌면 전멸하는 수가 있어서 대규모 부락을 만드는 것은 바람직하지 않다고 한다. 유목민들의 지혜가 보인다.

카자흐인들의 유목 생활이 끝나지 않는 한 이러한 외진 마을은 국가 전체에 흩어져서 존재할 수밖에 없다. 그런데 카자흐스탄의 면적은 서유럽 본토 크기만 하다. 이렇게 사람들이 흩어져 거주하는 넓은 지역에 전기를 공급하고 상하수도를 설치해주는 것은 비용도 많이 들고 가능하지도 않은 일이다.

한국기업의 시범사업을 계기로 카자흐 정부는 오지 마을에 소규모의 발전설비를 설치하여 전기를 경제적으로 공급하는 사업을 구상하고 있다.

1991년 독립 후에는 국가 경제성장에 집중했다면 이제는 사회 각층의 소외그룹에 대한 복지정책이 강구되기 시작한 것이 그 배경이다. 오랄만 정책에 의해 해외 거주 카자흐인들이 국내에 유입되면서 생긴 사회경제적 갈등과 아랍 민주화의 봄의 영향력을 차단하려는 의도도 있다. 굳이 그런 고려가 아니더라도 카자흐 국민들이 마냥 어려운 상황에 처하게 할 수는 없는 일 아닌가? 우리 기업이 그 해결책을 조언해주고 있는 것이다. 가까운 장래에 한국의 기술이 카자흐스타의 오지 마을들에 희망과 빛을 주게 되기를 바라는 마음이다.

09
서중국-서유럽 고속도로 현장을 가다

카자흐스탄 정부는 중앙아시아의 중심국가로서 아시아와 유럽을 연결하는 서중국-서유럽 고속도로를 건설 중이다. 세계은행과 아시아 개발 은행의 자금으로 추진 중인 사업이다. 우리나라에서는 KCC, 극동건설, 포스코건설이 중남부 지역인 쉼켄트로부터 서쪽 방향 건설을 담당하고 있다.

도로건설 현장으로부터 지방 관리들의 폐해가 심하다는 보고를 받고 쉼켄트에 위치한 극동건설 현장 방문 길에 나섰다. 이 공사장에서는 한국 직원 전체에 대해 일주일내에 모두 출국하라는 명령까지 내려진 상황이라고 하였다.

현장에 가서 우리 업체와 현장 감독하는 카자흐 관청을 만나보니 문제는 두 가지였다. 첫째는 토취장허가 지연, 자재 및 장비도입 통관지연, 노무감독관의 부당한 판정 등이 우리 업체의 불만 사항이었다. 둘째는 카자흐 측의 불만은 우리 업체들이 적절한 자금을 투입하여 공사를 신속히 추진해야 하는데 서울에서의 자금 조달이 원활하지 않다는 것이었다.

우리 건설사들은 부동산 침체로 자금 사정이 악화되었고 카자흐 관리들은 공정이 준수되지 않으면 중앙에서 불호령이 떨어지는 상황이었다.

이러한 와중에 카자흐 고위 관리가 토지수용 보상 문제 관련 수뢰혐의로 경질되기도 했다. 나자르바예프 대통령은 지방에서의 부정부패가 늘어나자 급기야는 중앙정부에서 각 주에 정무 부지사를 파견하기에 이르렀다. 나는 수개월 전 새로 임명되어 근무 중인 부지사와 만나서 이러한 문제를 협의했다. 그는 외국인 투자자문센터를 새로 설치했다고 안내하면서 문제가 있으면 언제든 제기하라고 했다. 나는 우리 건설사의 현안부터 잘 해결해줄 것을 당부하였다. 상당히 진지하고 적극적인 사람이었다. 그나마 다행이었다.

나는 아스타나로 복귀한 후 건설교통부에 문제점을 지적하는 서한을 보내고 차관을 직접 만나서 문제를 제기했다. 그는 내가 현장을 방문해준데 사의를 표하면서 우리 기업의 문제점을 지적하는 것도 잊지 않았다.

그는 한 달 후 우리 서한에 답을 보내왔다. 자신의 문제점에 대해서는 개선을 위해 최선을 다하겠으니 우리 업체들도 자금난을 본사에서 조속히 해결해 달라는 것이었다. 대사관은 국토해양부와 건설사 본사에 이러한 사항을 알리고 조기에 문제 해결에 나설 것을 건의했다.

11월에는 타라즈의 KCC건설현장을 찾았다. 시내에서 30분가는 거리에 타라즈 1공구 사무소가 있었다. 2013년까지의 공정을 대폭 앞당겨서 11.20에 준공을 앞둔 현장이었다. 타라즈 주정부도 공기를 어기지 않고 기술수준 높은 공사를 해준데 감사한다고 했다.

현장소장의 보고에는 주변에서 공사를 했던 터키, 중국, 이란이 전부 기술력이 부족하여 부실 공사를 하였다고 한다. 이들은 도로포장 기술이 달려서 진척이 안 되니까 KCC에 노골적으로 한수 가르쳐 달라고 요청도 한다고 한다. 경쟁업체에게 노하우를 가르쳐 주는 것은 참 난처한 일이지만 조금씩 도움을 주는 눈치였다.

겨울이 길고 영하 40도까지 내려가는 카자흐스탄에서 싼 가격에 입찰하여 졸속 공사를 해온 결과가 숨길 수 없었던 그들이 어지간히 마음이 급했던 모양이다. 터키 대사도 터키 업체의 영세성을 이야기한 적이 있다. 한 마디로 카자흐스탄을 후진국으로 취급하여 얼렁뚱땅 공사를 하고 돈 받아 갔다는 이야기다.

아스타나 시내 한복판에도 보도블록이나 건물의 타일이 어지럽게 떨어져 있는 것을 자주 보게 되는데 지방이야 오죽하랴. 타라즈 시내에 있는 대통령공원을 가보니 가관이었다. 대통령이 지금 다시 둘러본다면 여러 사람이 목이 날라 가겠구나 하는 생각이 들었다.

현장에는 3개의 사무소와 식당 등의 건물이 있었다. 저녁에 지상사 대표들을 시내 식당으로 초청하기로 하고 점심에 함바 식당에 가서 밥을 먹자고 했다. 말고기로 곰탕을 끓여 내왔는데 소고기 같았다. 고려인 아주머니가 주방장이었다. 상추쌈과 함께 맛있는 점심을 직원들과 같이 했다. 현장 근무자들은 4개월 근무 후 본국 휴가를 간다고 한다. 1년이면 다른 사람들과 교대하여 본부로 복귀한다고 한다.

주말에도 여가 생활이 없는 우리 직원들은 동트면 일에 매달린다고 한다. 점심은 함바 식당에서 현장으로 배달하여 먹는다. 공사의 중단시간을 최소화 하려는 노력이다. 이러한 한국인들을 당할 자가 있겠는가? 저녁도 함바 식당에서 하자고 하여 홍어탕으로 포식했다. 내가 시내에서 좋은 식사를 대접하려 해도 별로 반가워하지 않는다. 한식이 그리운 그들 아닌가? 나는 가져간 자그마한 선물을 건네고 함바 식당이 개발한 음식을 먹었다. 밥 힘으로 일하는 건데 꺼끌꺼끌한 음식을 반길 리 만무하다.

작업 현장에서 먹는 한식은 너무 귀하고 맛이 있다. 우리 근로자들의 땀이 베인 컨테이너 막사에는 묘한 정취가 있다. 한국인들만의 혼과 기백이 그곳에 있었다.

10
발하시 호수에 세워지는 화력발전소

발하시는 소련 시절부터 화력발전소 건설 부지로 고려되었던 곳이다. 알마티에서 아스타나 방향으로 족히 4시간 반이 걸리는 곳이다. 300km 거리이다.

아침 일찍 알마티에서 랜드크루저 3-4대에 분승하여 삼성물산 김석원 지사장을 비롯해서 삼성엔지니어링 그리고 카자흐스탄 합작사 대표와 함께 공사현장을 향해서 길을 떠났다. 특이한 것은 알마타시 경계를 벗어나기 전에 주유소에 들려서 타이어의 바람을 점검하고 채워 넣는 것이었다. 그만큼 길이 험하다는 것을 직감으로 알 수 있었다.

12시 경 울켄이라는 마을에 도착하여, 발하시 호수 옆의 발전소 부지를 실사하였다. 현재는 낡은 변전시설이 있을 뿐 주변은 황량하기만 했다.

발전소를 건설하기 전에 호수로부터 물을 끌어들이는 작업과 운송되어 올 석탄을 저장할 시설을 공사하고 있었다.

울켄 시장은 우리 일행을 정말 열렬히 맞이하였다. 발전소 건설은 그 도시가 생긴 이래 최고의 경사인 것이다. 시장 말에 의하면 전체 주민이 2천명이라는데 우리 관계자들은 실제로는 그 보다 훨씬 적을 것이란다. 발전소가 완공되면 그와 관련되는 여러 가지 사업이 급속히 확장되고 세수도 늘어서 시의 재정도 훨씬 좋아질 것 아닌가? 시장은 기대와 희망에 부풀어 있는 것 같았다.

2008년부터 추진되어온 사업이지만 우여 곡절을 겪으면서 숱한 고비를 넘고 넘어 2012년 우리 대통령의 카자흐스탄 방문 시 사업의 성공적인 추진을 위해서 정부간 협정(IGA)을 맺은 경우였다.

발하시 발전소 건설 프로젝트는 40억 달러규모의 대형 공사이다. 이러한 공사 하나를 수주하고 완공하는 데는 단계별로 수많은 고비를 넘겨야 한다. 우선 수주단계에서는 중국과의 치열한 경쟁이 벌어졌다. 수주 이후에도 수많은 장애물이 간단없이 출몰하고 사라지기를 거듭했다.

그러면 무엇 때문에 이렇게 사업이 진행되지 않았을까?

우선 카자흐법상 생산된 전력을 구매하는 규정이나 법이 없다. 소련 시절부터 전기나 식수 등은 정부가 국민에게 공급하는 재화였기 때문이다. 전력구매에 관한 새로운 개념 도입부터 시작해야 하는 실정이니 일이 진척되기 어려울 수밖에.

2011년 우리 대통령은 8월에 카자흐스탄과 우즈베키스탄을 방문했다. 대통령은 소위 성과 사업이 약한 국가들을 방문하기를 꺼렸다. 카자흐스탄에서 진행 중인 발하시 발전소 관련 정부간 협정이 이때 체결되었다. 그러나 카자흐측이 소극적이어서 이 협정은 향후 생산될 전기를 구매하는 조건에 관한 규정이 포함되지 못했고 2012년 재차 카자흐스탄을 방문했을 때 화상 착공식과 함께 보완되었다.

카자흐스탄은 국토가 넓다보니 발전소를 어디에 건설하는 것이 좋을지도 항상 논쟁거리다. 동북지역 에키바스투스로부터 석탄을 실어 와야 하기에 가까운 곳이 좋겠지만 전력을 생산한 후 공급되어야할 지역은 알마티 지역인 것이다. 또한 냉각을 위해서는 용수가 풍부한 발하시 지역이 유리한 것이다.

발전소 건설로 호수가 오염될 수 있다는 우려도 제기된 바 있다. 삼성물산은 이러한 점을 고려하여 친환경공법으로 발전소를 건설

할 계획이다.

발하시 발전소 계획은 착공을 시작하기도 전에 많은 시간이 허비된 측면이 있다. 그 과정을 들여다보면 크게 두 가지 요소가 작용하고 있는 것을 알 수 있다. 카자흐측은 건축비용을 끈질기게 깎아 내리면서도 시공사인 삼성엔지니어링이 최고의 기술로 건설하게 요구하였다. 삼성이 이러한 교섭 과정을 어렵게 이끌어 간 데는 카자흐스탄 내의 전기에 대한 산업 수요가 시급하지 않은 것도 하나의 원인이 아니가 하는 생각이 든다.

나자르바예프 대통령은 2012년 연두교서에서 발하시 발전소와 아티라우 석유화학 단지 건설 사업을 최우선 추진 프로젝트로 적시하여 언급하였다. 대통령으로서 국민들에게 경제 분야 실적으로 내세우고 싶은 사업인 것이다.

카자흐스탄에는 구소련 시절 건설된 정유시설이 몇 군데 있는데 그 이후 새로운 투자가 이루어지지 않아서 매우 낙후되어 있다. 산유국이면서도 시중에서 소비되는 상당수의 석유화학 제품은 수입해서 쓰고 있는 실정이다. 우리나라 같았으면 벌써 새로운 석유화학 시설을 건설하여 돈 버는 사람이 나왔을 것 같은데 답답한 노릇이다.

발전소 건설과 함께 전력 효율화사업도 당장 해야 할 사업이다. 생산된 전기가 송전과정 중에 15% 정도 유실되니 얼마나 아까운 일인가? 우리나라의 경우 5% 미만의 손실이 있는데도 여름마다 절전비상이 걸리지 않나?

길고 긴 겨울이 끝나가던 2013년 4월말 어느 날이었다.

발하시 발전소 건설을 석탄에서 가스로 바꿀 예정이다라는 정보가 입수되었다. 이게 무슨 해괴망측한 발상인가? 2008년부터 5년간의 지루한 협상 끝에 정부간 협정이 대통령의 서명만을 기다리고 있는 상황이었는데 재검토라니.

환경부장관이 2017년 아스타나 엑스포의 성공적 개최를 위해서는 석탄 화력발전소 대신 가스 화력발전소를 건설해야 한다고 주장한 것이었다. 문제는 그의 이러한 주장이 충분한 타당성 검토 없이 이루어진데 있었다. 카자흐스탄 중남부에 위치한 발하시 호수에 석탄 화력발전소를 건설하면 공해를 양산, 환경오염이 될 우려가 있다는 것이다. 그 대신 수도 아스타나, 알마티, 그리고 쉼켄트 지역에 가스 발전소를 건설하자는 것이었다.

그런데 카자흐스탄은 가스가 풍부하게 생산되는 국가가 아니다. 서북부 우랄스크지방에서 생산되는 가스를 파이프라인으로 인근 러시아 도시의 가스 발전소에 공급되고 있다. 나머지는 석유를 퍼

올릴 때 따라 나오는 수반 가스가 있을 뿐이다. 또 하나는 투르크메니스탄의 가스가 카자흐스탄을 거쳐서 중국으로 수출되고 있는 상황이다.

이 보고 후 대통령은 향후 2개월 동안 가스 발전소 건설이 타당성이 있는지 총리를 중심으로 검토보고서를 작성하여 제출하라고 지시하였다. 다행히 총리는 이틀 후 대통령 앞 서한을 통해서 발하시 발전소 건설 사업을 예정대로 진행되어야 한다고 보고했다.

결국 가스 화력발전소 건설은 무산되었지만 시간을 또 낭비하고 말았다. 그 이후에도 파이낸싱을 위한 협상도 지루하게 진행되었다. 카자흐측이 이러한 사업이 처음이라 국제관례보다는 국내법을 고수하려는 입장이 강해서 난항이 거듭되었다. 이에 더해 우리나라 금융기관들은 신용도가 낮은 카자흐스탄 프로젝트에 대한 금융지원에 난색을 표명했다. 이 프로젝트는 내우외한에 시달리면서 착공이 늦어지고 지루한 양측 간 공방전을 이어갔다.

2014년 러시아에 대한 경제제재는 카자흐스탄 경제에도 충격을 주었다. 경제 체력이 현저히 떨어진 카자흐스탄으로서는 이 프로젝트를 더 이상 감당하기 어려워졌다.

삼성물산은 수년간 김양배 프로젝트 사업본부장, 정진홍 법무팀

장을 수시로 아스타나에 파견하여 대사관과 카자흐 파트너와 협의하게 하였다. 김신 사장도 여러 번 방문하였다. 그 동안 들인 시간과 돈과 정열이 참으로 아쉽게 느껴진다. 언젠가 다시 사업이 재개되었으면 좋겠다는 생각이 든다.

석탄 화력발전소 대신 원자력 발전소를 추진한다는 이야기도 나온다. 핵무기를 포기하고 방사능 오염을 치유하는데 집중해온 카자흐스탄에게 과연 바람직한 대안일까?

11
아티라우 석유화학단지 건설 사업

아티라우는 카자흐스탄 서북부에 위치한 인구 40만의 크지 않은 도시이다. 그러나 아티라우는 유전지대가 집중되어 있어 “석유수도”라는 별명을 갖고 있다. 텡기즈 유전을 비롯한 육상 유전뿐만 아니라 카샤간 해상 유전 등이 집중되어있는 아주 중요한 지역이다.

2012년 10월 22일 아침, 나는 아티라우로 향했다. 비행기로 두 시간 남짓한 거리에 위치한 아티라우에 도착하니 화창하고 따뜻한 날씨가 우리 일행을 맞이하여 주었다. LG화학의 오장수 지사장과 대사관 직원들이 함께 방문했다.

공항에서 우리는 랜드 크루져 2대에 분승하여 바로 텡기즈 유전으로 향했다. 300km 떨어진 텡기즈로 가는 도로는 포장상태가 좋은 편이었다. 알마티에서 발하시로 가는 길보다 좋았다.

가는 도중에 우리는 샌드위치와 컵라면으로 점심식사를 했다. 끝없는 스텝사막 한 가운데 위치한 주유소는 오아시스 같은 존재였지만 화장실도 제대로 갖추어져 있지 않았다. 어디선가 쌍봉낙타들이 우리를 향해 다가오자 모두들 핸드폰을 꺼내서 기념사진을 찍었다.

텡기즈 세브로일은 출입이 통제되어 내부 구경을 할 수 없었다. 그곳으로부터 18km 떨어진 에탄 분리 공장 부지를 찾아갔다. 텡기즈 유전에서 수반가스를 공급받아 이곳에서 에탄을 분리 작업할 시설이다. LG화학은 이곳에서 에탄을 분리하여 지하매설 파이프라인으로 아티라우 인근에 위치한 카라바탄 석유화학단지로 보낼 예정이다. 그곳에서 폴리에틸렌 화학제품들을 생산하여 중국에 25%를 수출하고 나머지는 카자흐시장과 러시아, 동유럽에 수출할 계획이다. 에탄 분리시설 건설에만 8억 달러가 들어간다. 사막도시에 엘도라도 같은 산업시설이 들어서게 되는 것이다.

다음 날 아침 우리는 카라바탄 단지를 방문했다. 도시 전체에 새벽 안개가 진하게 끼어있었다. 현장에 도착하니 경비원들이 우리들을 가로막는다. 합작사 본사의 승인을 받은 후에야 우리는 철도가 연결되어있는 현장까지 갈수 있었다. 안개가 걷히면서 광활한 현장이 우리 앞에 그 모습을 드러냈다. 여의도 보다 조금 큰 200만평 부지에는 기반공사가 한창 진행 중이었다.

이 부지에는 LG화학의 폴리에틸렌 생산공장뿐만 아니라 중국과 카자흐 합작의 폴리프로필렌 공장도 함께 건설된다. 총규모는 100억 달러이고 이중에서 LG화학은 40억 달러 규모의 시설을 건설한다. 2016년 말까지 완성하고 2017년 봄에는 본격적인 생산에 들어갈 계획이다. 이 건설 기간 동안 LG화학은 공장 가동에 필요한 카자흐 기술인력을 현지와 한국에서 교육하고 양성할 예정이다.

이날 오후 나는 이즈무감베토프 아티라우 주지사를 면담했다. 2007년 잠빌 광구를 한국 측 컨소시움에 배정했던 장관이었다. 카자흐스탄에서 드물게 만난, 나보다 나이 많은 인사이기도 했다. 주지사는 LG화학 공장건설과 잠빌광구에 모든 협조를 다할 것이라 하면서 제약, 농업분야에서도 한국의 우수한 기업들이 진출해 줄 것을 요청했다. 한국은 무슨 분야이든 대단한 기술력을 갖고 있는 나라라고 생각하는 모양이다.

끝이 안 보이는 스텝은 벌써 오래전부터 버려져 있는 땅이다. 아티라우 지역은 네덜란드처럼 수면보다 낮은 땅들이 많다. 비가 오랫동안 오지 않다보니 말라버리고 소금기들이 노출되어 있어 하얗게 보이는 곳이 많다. 만약에 누군가 이 땅에서 곡물과 야채를 재배할 수만 있다면 이들의 삶은 완전히 달라질 수 있을 것이다. 그러나 땅 속에 묻힌 것 그리고 바다 속에 묻혀 있는 것들의 값이 워낙 비싸다 보니 농사일을 진지하게 연구하는 사람들이 없는 것 같다.

아티라우 시내에 위치한 정유공장을 방문했다. 1940년대 초반에 미국의 기술로 건설되었고 최근에는 일본, 미국 등과 시설 개선 작업 중이란다. 아니 소련과 미국이 적대 관계 아니었나요? 우리 일행이 질문했다. 아니다. 2차 세계대전 당시에 미국과 소련은 연합국이었다. 전쟁에서 냉전으로 진입하는 그 짧은 시기에 그들의 목표가 같은 방향이었다는 것이 신기하게 느껴졌다.

러시아에도 정유시설은 1940년대에 지어진 것이 마지막이었다. 이해하기 힘든 일이다. 우리같은 비산유국은 열심히 정유시설, 석유화학시설 건설에 열심인데 산유국들은 그저 땅에 묻혀있는 것을 캐내어 팔아먹기에만 골몰한 것이 아닌가? 부자들, 특히 부자의 자식들이 열심히 일하기를 기대하는 것은 어려운 일인가 보다.

러시아에는 아직도 그런 시설이 본격적으로 건설되지 않는 것을 보면 안타깝기도 하고 의아하기도 하다. 원유는 팔고, 정제된 고급 휘발유는 수입해 오는 구조가 아직도 계속되다니 참 안쓰럽다. 이 정유공장은 정부 부서와 유전의 주문으로 정유만하지 직접 판매도 하지 않는단다. 우리나라 정유회사가 높은 수익을 올리고 있는 것과는 대조적이다. 우리나라 정유시설이 다 옥외구조인데 비해 이곳은 실내구조로 아직 후진적인 상황이다.

카자흐스탄이 외국으로부터의 기술을 도입하고 엔지니어를 조기에 양성하겠다는 의지는 분명하다. 아니 그들은 조급증에 걸려 있는 것처럼 보인다. 그러나 동시에 지나치게 로컬콘텐츠에 집착하는 모순된 모습을 보이기도 한다. 우리가 경제성장 과정에서 외국의 우수 기술자들을 극진하게 대접하면서 모셔왔던 것과 대조된다.

카자흐스탄의 기술자로 무엇이든 할 수 있다는 태도는 자칫 공사와 운영의 부실을 가져올 수 있다. 악타우에서의 시추선 건조 시에 심각한 문제를 야기했던 카자흐 하도급업체의 부실이 대표적인 사례이다. 아티라우 석유화학단지 건설을 위한 합작회사 운영에서도 이러한 현상은 예외 없이 나타나고 있다. 카자흐스탄 파트너들이 좀 더 여유를 갖고 접근해야 할 대목이다.

아티라우 석유가스 기술대학을 방문했다. 학교시설은 소련시대 것이었다. 실험도구도 현대적인 것은 아니었다. 어려운 재정상태가 눈에 띄었다. 학생들은 의욕에 가득 찬 것 같은데 외국인 투자자들의 손길이 아직은 미치지 않은 것 같다.

프랑스, 이태리 등 석유 메이저회사들은 이 지방 기술인력 양성에는 관심이 없는 것일까? 그저 파먹는 데만 골몰하고 있구나하는 느낌이 들었다. 우리 기업이 이런 분야에 관심과 배려를 한다면 정말 장기적인 전략적 동반자가 되지 않을까 하는 생각이 들었다. 미국이 전 세계 젊은이들을 장학금을 주어가며 양성해온 것이 새삼 대단해 보인다. 우리나라도 이제 그러한 노력을 본격화하고 있는 것 아닌가? 이러한 혜택을 받고 좋은 일자리에서 일하는 사람들이 우리나라를 쉽게 잊지 못할 것이다. 무엇보다도 의미 있고 보람 있는 투자가 될 것 같다.

아티라우 주지사는 60대이지만 시장은 30대말이다. 시장은 영어도 유창한 것으로 보아 외국유학을 다녀온 사람일 것이다. 볼라샤 국비장학생제도는 카자흐의 핵심인력을 끊임없이 키워내고 있다. KIMEP대학, 나자르바예프대학과 함께 카자흐스탄의 미래를 설계하는 교육제도이다.

그러나 수도권과 지방의 대학들도 균형 있게 발전되어야 할 것이다. 자칫 화려한 정책이 지방과 저소득층을 간과한다면 장기적으로 국민들의 불만이 야기될 수 있기 때문이다.

최근에 대통령이 부쩍 이러한 측면에 신경을 쓰면서 새로운 사회복지정책을 추진하고 있는 것도 우연한 일이 아니다. 2011년 말 자나오젠 지역에서의 유전지대 노동자 대규모 시위와 진압과정에서의 사상자가 다수 발생한 것은 아직도 사회적 파장이 있다. 우리 진출기업으로서도 지역주민에 대한 각별한 배려가 필요한 것이다.

카자흐스탄뿐만 아니라 러시아나 중남미, 아프리카 등에서도 자원 난개발과 지역사회에 대한 무관심이 종종 개발자와 지역 주민 간의 충돌사태를 불러오고 있는 점을 무시해서는 안 될 것이다.

아티라우 프로젝트는 그 이후 EPC시공사를 재선정하는 우여곡절을 거친 후 2015년 정부 간 협정체결로 사업 추진의 전기를 맞이하였다. 그 동안 저유가 현상이 두드러지게 나타나면서 공사비를 절감할 수 있는 여유도 생겼다.

그러나 카자흐스탄은 이 프로젝트도 발하시 프로젝트처럼 추진하기 어려운 상황에 처했다. 경제사정이 호전된 후에 재추진될지는 지켜보아야 할 것이다. 우즈베키스탄의 수르길 프로젝트와 투르크메니스탄의 카리얀 프로젝트가 이미 완공되어 중복투자의 위험성도 커졌다.

12 2000년의 고도-타라즈를 가다

2012년 11월 8일, 타라즈를 향했다. 아스타나에서 타라즈로 가는 SCAT항공의 자그마한 비행기에 올라가 보니 황당하였다. 비즈니스석이 없는 것은 물론이고 천장에서는 에어컨 물방울이 떨어지기도 했다. 타라즈에 도착하니 공항은 아주 단순한 시외버스 대합실 같았고 공항에는 우리 비행기 한 대뿐이었다.

잠빌 호텔에 투숙했다. 소련식 호텔이었다. 볼품없는 호텔인데 침대는 편하고 잠자리는 안락했다. 다음 날 아침 주변을 산책해보니 시청과 국립 타라즈 대학이 모두 근처에 위치한 시내 중심지였다. 타쉬켄트처럼 나지막한 집들이 그런대로 안정감 있게 지어져 있었다. 그러나 외국인 투자가 활발하지는 않구나하는 느낌이 들었다.

그런데 다음날 아침 타라즈 대학 대강당에서 개최된 투자세미나의 분위기는 사뭇 달랐다. 지방의 투자세미나가 유행이지만 별로 흥미롭지 못한데 타라즈의 경우는 참석자도 많고 발표내용이나 질의응답이 실질적이고 활발했다.

이 지역 출신인 아스타나 골프클럽의 매니저도 세미나에 참석하여 나에게 반갑게 인사를 한다. 쉼켄트나 타라즈 출신들은 다른 지방보다 자기 고향에 대한 남다른 자부심이 있다. 페이스북에 세미나 참석, 아이샤 비비 묘 방문을 올렸더니 카자흐 페친 들이 반가운 메시지를 보내왔다. 어떤 친구는 한글로 올린 설명을 러시아어로 번역하여 올려주었다. 카자흐 친구들이 대사의 언급내용이 궁금하다고 연락을 했다는 것이다.

아이샤 비비는 유부남과의 사랑을 못 이루고 뱀에 물려죽은 귀족의 딸이다. 사랑하는 왕의 아이를 뱃속에 잉태했으나 아버지의 반대에 사랑을 지키려고 가출했지만, 강에서 목욕을 하다 뱀에 물려 죽음에 이른다. 왕의 사랑도 지극하여 죽기 직전에 아이샤 비비와 혼례를 올렸고, 그녀는 사랑하는 왕에게 안겨 죽는다. 그녀가 사랑한 왕은 정식 결혼한 것은 아니고 형사취수에 의해 관습법상의 유부남이었을 뿐인데 그 당시의 완고한 관습이 그녀를 죽음에 이르게 한 것이다. 사랑하는 아이샤 비비를 잃은 왕은 그 자리에 아름다운 묘를 만들었다. 9세기의 일이었다고 한다.

타라즈 사람들은 이 애절한 사랑의 이야기를 자랑스럽게 생각한다. 그것이 지나쳐서 시집가는 딸이 사랑받고 잘 살라고 묘의 장식 벽돌을 떼어가서 많이 훼손이 되었다고 한다. 그래서 나자르바예프 대통령이 몇 년 전에 보수를 명하여 현재의 모습으로 북원된 것이다. 내가 방문했을 때도 많은 사람들이 가족과 함께 이곳을 찾았다. 아이샤 비비의 사랑을 짓눌렀던 왕이나 귀족의 권세를 기억하는 사람은 이제 아무도 없다. 그러나 아이샤 비비의 애절한 사랑은 천년이 넘도록 모든 사람의 사랑을 받고 있었다.

아줌바예프 타라즈 주지사는 올해 43세이다. 그러나 그는 벌써 기획예산처 장관을 지냈고 카자흐스탄 최고의 석유회사 카즈무나이가스의 이사장을 지낸 거물이다. 개각 때 마다 총리의 물망에 오르는 유망 주자이다. 내 입장에서도 참 부러운 사람이다. 우리하고는 시간을 달리 쓰면서 살아가는 사람 같다.

면담하는 동안 그는 한국 기업들이 타라즈에 많이 투자해줄 것을 호소했다. 그는 카자흐스탄에게는 한국 기업의 기술력이 절대 필요하다고 강조한다. 소련 시절 타라즈주에도 독일계와 러시아인들이 많이 거주했으나 독립 후 그들이 떠나가면서 기술 인력과 공장을 운영하는 체계의 붕괴를 경험했다고 한다. 그런데 독일인들은 좀 잘난척하는 편이고 중국은 기술 수준도 아직 낮고 불량품을 양산하여 문제가 많다는 것이다.

진지하고 높은 수준의 기술력을 보유한 한국인들이 대거 진출하기를 그는 진정 바라고 있었다. 주지사는 한국 사람들의 부지런함에 대해 강조한다. 타라즈 시내에 네일샵들이 많은데 대부분이 고려인들이 운영한단다. 아침 아홉시에 문 열고 밤 열한시에 문 닫는데 카자흐 사람들은 힘들어서 못한다고 한다.

이 지역의 3개 구간에서 성공적으로 고속도로 건설공사를 해온 KCC건설이 유리, 페인트 등 건자재 공장을 추진 중인데 주지사는 이를 꼭 타라즈주에 유치하고 싶어 했다. 그러나 KCC건설은 타라즈주의 전력 부족과 불안정 때문에 투자가 어렵다는 입장이었다.

투자 세미나에 구름같이 사람들이 몰려온 것도 그의 위력을 보여주는 것이다. 카자흐스탄에서는 40대의 유력한 주자들에 대한 관심들이 매우 크다. 그들의 움직임이 국가의 예산과 사업의 방향을 정하기 때문이다.

카자흐스탄은 나자르바예프 대통령의 절대적인 권위와 통치력이 엄존하는 나라이다. 그러나 구체적인 프로젝트들은 그 밑에서 각별한 신임을 받는 각료와 국영기업 사장들이 결정하는 대로 굴

러간다고 보아야 한다.

이 세미나에 참석한 사람들은 우선 그의 프로젝트에 관심이 큰 사람들일 것이다. 주지사가 사업을 계획한다고 해서 다 이루어지는 것은 아니다. 국가로부터 예산을 배정 받을 수 있느냐가 관건이다. 대통령의 신임이 매우 높다는 타라즈 주지사가 제시한 몇 개의 사업은 그만큼 실현가능성이 높을 것이다.

츄(Chu)지역의 화학단지, 타라즈지역의 농산물 가공·유통 단지, 공항 현대화 사업 등에 많은 관심이 쏟아졌다. 소련시대의 주요 석유화학 단지였던 '힘프롬'은 수년간 기술인력 부족으로 방치되었다가 이제는 비료를 생산하는 기능을 다시 하고 있다고 한다. 과연 이 젊은 주지사는 타라즈주에 산업 기반을 구축할 수 있을까?

이러한 의문은 타라즈 국립대학 부총장, 상공회의소 소장을 만났을 때 조금씩 더해 갔다. 무기력증에 빠진 그들의 모습이 어두운 그림자를 드리우고 있었다. 대학은 외국대학이나 투자기업으로부터 어떠한 협력 프로젝트도 유치하지 못하고 있었다. 아니 그러기 위해서 추진단을 구성하거나 별도의 노력한 흔적도 보이지 않았다. 주지사는 한국의 IT최고기업이 자신이 구상하는 IT연구소의 한 파트를 맡아달라고 하였다.

주지사 혼자 일하고 있다는 느낌을 받았다. 사람들이 자발적으로 열심히 일하게 하는 것이 찬 힘든 일이구나하고 느꼈다.

13 악토베, 원유개발 현장을 가다

2013년 봄. 나는 오래 전부터 계획했던 악토베를 방문했다. 한국 석유공사의 유전개발 중심지이다. 석유공사는 카자흐스탄의 북서부 악토베, 악타우, 아티라우 등 지역에서 하루 15,000배럴의 원유를 생산중이다. 이는 중국이 생산하는 일산 25만 배럴의 20분의 1수준에 불과하다. 물론 아티라우의 카스피해 해상유전 잠빌 광구의 유전이 성공적으로 개발되면 생산량은 훨씬 늘어날지도 모른다.

중국은 악토베에 15층 규모의 지사 건물을 자체 건설했으며 악토베의 랜드마크 빌딩이다. 이 건물의 야경이 매우 화려하여 밤이 되면 중국은 악토베를 점령했다는 느낌이 들게 한다. 은근히 기죽고 기분이 나빠지려는 것이다. 악토베 시민들은 중국인들을 비하하고 기분 나빠한다. 어디가나 "니 하오?"라고 말을 걸지만 기분 좋은 인사는 아니다. 성질이 급하고 괄괄한 악토베인들은 몇 년 전만해도 중국인처럼 보이는 사람들이 길을 지나가면 돌을 던지곤 했다고 한다. 자격지심이다.

중국은 인근 국가 카자흐스탄의 유전개발에 오래전부터 눈독을 들여왔다. 90년대 초반에는 쉐브론, 토탈, ENI 등이 주요 유전에 투자하고 개발해왔지만 2000년대에 들어서면서는 중국인들의 투자가 급증했다.

특히 2008년 글로벌 금융위기는 중국에게 카자흐 유전을 손에 넣을 수 있는 좋은 기회를 주었다. 현재 중국은 매일 카자흐에서 생산되는 원유의 25% 이상을 생산하고 있다. 그들은 이 지역에서 카자흐스탄의 영토를 서에서 동으로 가로질러 파이프라인을 건설하고 중국 서북지역으로 바로 원유를 운송한다. 섬뜩한 느낌이 든다. 카자흐의 심장으로부터 대량의 원유(피)를 바로 빼간다는 느낌. 이러한 움직임에 속도가 붙고 있다. 중국은 카자흐스탄이 외국인 투자 환경을 옥죄일 때마다 지분을 늘려 나간다. 미국과 유럽인들이 떠나가는 자리를 중국이 점령해 가고 있는 것이다. 평온한 표정으로 점유율을 늘려가는 중국의 행보에 전율이 느껴진다. 중국을 미워하면서 중국에 끌려들어가는 카자흐스탄의 모습이 안쓰럽다.

악토베 시에는 악자르 광구를 관할하는 알티우스와 아다광구를 관할하는 아다오일의 두 개 회사가 같은 건물 내에서 일하고 있다. 악자르 광구는 일산 6,300배럴로서 가장 큰 규모인데 2017년 정도에는 15,000배럴을 생산하게 될 것으로 예상된다. 매년 40여 개 공을 시추하면서 생산량을 늘려가고 있기 때문이다.

악토베에 도착 후 주지사부터 만났다. 40대 초반의 젊은 주지사였다. 그는 한국기업의 활동을 돕기 위한 모든 편의를 제공하겠다고 약속했다. 나도 양국 간의 협력이 더 발전되기를 바란다고 외교적인 말을 건넸다.

그러나 실제로 내가 악토베에 출장 온 이유는 우리 석유공사 직원들을 쫓아내려 한 지방 관리들도 있고, 자기 이권 챙기기에 방해된다고 위협을 가하는 자들도 있다는데 주지사는 아시는가? 이렇게 퍼부어야 할 것을 외교적으로 빙빙 돌려 알아듣게 이야기해야 하니 답답하다. 어딜 가나 주지사와의 면담에는 지방 언론들이 취재를 하기에 거북한 이야기를 꺼내기도 힘들다. 그래서 별도의 서한을 준비해서 전달했다. 환경조항의 지나치게 엄격한 적용, 세금 관련 기관의 부당한 적용 부과 등을 언급해두었다. 나와의 면담이 끝난 후 주지사가 직접 문제점을 파악하게 되기를 기대하였다.

10인승 경비행기를 타고 악자르 광구로 향했다. 날씨가 화창하고 바람이 적어서 한 시간 반의 비행은 무리가 없었다. 유전지대의 활주로는 우리가 닦아 놓은 것인데 일반 공항의 활주로처럼 시멘트가 깔려 있지 않고 흙바닥이어서 비가 오면 이·착륙이 불가능한 상태이다. 이 경비행기 타는 것이 겁이 나서 절대 타지 않는다는 인사도 있다고 한다. 유전지대 방문은 비행기로 가든 자동차로 가든 위험이 내포되어 있다. 기도하는 마음으로 가는 수밖에 없다.

이곳에서 근무하는 직원들을 생각해보라. 그들에게는 이런 곳을 랜드크루저를 타고 오가며 일하는 것이 평생 직업 아닌가? 현장에 도착하니 우리 석유공사 직원들과 카자흐스탄 엔지니어들이 반갑게 맞이한다. 대사의 첫 방문이라고 한다. 별로 듣기 좋은 소리는 아니다. 대사는 우리 기업의 주요사업체와 현장을 방문하는 것이 일의 기본인데 약간은 원망처럼 들렸다.

이제 한 달 후면 이곳은 열사의 사막이 된다. 섭씨 50도까지 기온이 치솟고 작업 환경은 더 어려워진다. 그런가 하면 겨울은 영하 30-40도의 혹한이 6개월 이상 계속된다. 차라리 더운 것이 나을 수 있다. 겨울에는 차량이동의 위험성이 아주 크다. 예전에는 이곳에서 채굴된 원유를 트럭으로 운반한 적이 있다고 한다. 그러나 운송도중 원유를 강탈당하는 경우도 종종 있어서 지금은 파이프라인을 통해 이동한다.

육상광구는 시추작업이 끝나면 원유를 뽑아내는 수도꼭지 같은 장치가 설치된 좁은 공간만 남는다. 그래서 생각만큼 웅장해 보이지는 않는다. 이러한 유정들에서 채굴된 원유들은 집하장으로 모였다가 중앙 처리장치로 보내진 후 불순물 분리작업이 이루어진다. 수반 가스는 기화시켜서 분리하고 모래는 가라 앉혀서 분리한다. 이러한 작업이 이루어진 후 송유관을 통해서 수출되기도 하고 정유시설로 보내져 제품으로 만들어지기도 한다.

나의 악토베 출장 후 석유공사 직원들의 근무 환경이 훨씬 부드러워졌다고 하니 다행이다. 주지사가 내 편지를 잘 읽어 본 모양이다.

14 중앙아시아의 별-고려인

1937년 겨울 어느 날, 폭풍한설이 몰아치던 카자흐스탄 우슈토베 역에 열차가 멈춰 섰다. 고려인 가족들이 등 떠밀리듯이 열차에서 내려지고 열차는 다시 출발하였다.

그들은 지평선의 끝이 안 보이는 낯선 땅에 버려졌다. 그들은 살을 에는 추위와 바람을 피하기 위해 땅을 파고 혈거를 만들어 짚을 덮고 추위를 견디어 냈다. 스탈린은 일본의 스파이가 될지도 모른다면서 연해주에 거주하던 한인(고려인)들을 중앙아시아의 카자흐스탄, 우즈베키스탄 등으로 강제 이주시켰다. 그 겨울을 지나면서 상당수의 고려인들이 추위와 굶주림에 희생되었다.

그러나 고려인들은 곧 불모의 땅에 쌀농사를 하는데 성공하였다. 고려인들은 카자흐스탄과 우즈베키스탄의 주요 집단 농장의 대표가 되었고 소련의 노동 영웅이 되었다. 고려인은 부지런하고 사회발전의 중요한 구성원으로 각광받기 시작하였다. 카자흐스탄에 거주하는 10만 고려인, 우즈베키스탄의 18만 고려인은 버려진 소수민족에서 중앙아시아 발전의 별이 되었다. 카자흐스탄 독립헌법을 기초한 헌법학자, 대통령의 주요 결정에 자문했던 대통령의 핵심 참모, 집단농장의 대표, 신망 받는 중견기업을 이루어낸 기업인들이 중앙아시아의 고려인 영웅들이다.

카자흐스탄인들은 황야에 내버려진 고려인을 도와 정착시켰다. 우리 정부와 고려인 협회는 2012년 우슈토베에 감사비를 세우기도 했다. 카자흐스탄을 비롯한 중앙아시아 국가들은 고려인을 비롯한 소수민족에게 비차별 정책을 표방하고 있다. 언어학적으로 한국어는 카자흐스탄, 우즈베키스탄, 키르기스탄과 같은 알타이 그룹이어서 서로 언어를 배우는 것도 편리하다.

이러한 고려인들을 바탕으로 우리 기업들과 교육문화 단체의 진출이 활발하게 이루어지고 있다. 우리 문화원과 교육원에는 한국어와 문화를 배우려는 수강생이 넘쳐나고 있다. 우리나라 정부초청 외국인 장학생 프로그램에 대한 지원자들의 경쟁도 치열하다.

우리 정부는 우리 기업들과 유학생들을 위해 일반사증 면제협정과 기업인 복수사증 협정을 카자흐스탄과 러시아와 체결하였다. 미국이나 서구 국가 중에서는 처음이다. 또한 문재인 정부는 러시아와 중앙아시아 국가들이 회원국인 유라시아 경제공동체(EAEU)와의 FTA도 추진 예정이다. 카자흐스탄, 우즈베키스탄, 투르크메니스탄에서 대형 에너지 프로젝트를 추진하고 있는 우리 기업들에게는 천군만마가 될 것이다.

고려인들에게는 잊지 못할 사연들이 있다. 그중에서도 영원히 고려인들의 마음 속 상처가 있는데 그것은 굴락이다.

알지르 수용소는 소련이 1930부터 설치하여 1960까지 운영한 굴락(GULAG: 강제 노동 수용소) 중 하나이다. 특이한 것은 여기에는 여성과 아이들만 수용했다는 것이다. 이들은 정치범으로 카를락(카라간다의 굴락) 같은 곳에 투옥된 남성들의 가족이었다고 한다. 이곳에 있는 박물관에는 수형자들이 행복한 가족생활의 복원이 이루어지기를 기원하며 점토로 만든 작품, 빨래판, 다리미, 옷가지 등이 일부 남아있을 뿐이다.

호숫가에 설치되어서 수용소로부터 탈옥하는 것도 쉽지 않았으리라. 감시도 엄중했지만 한겨울에는 탈옥해도 혹한을 이겨내고 생존하기도 어려웠을 것이다. 영하 50도까지 떨어지는 날씨는 스탈린보다 더 무서운 공포의 대상이었으리라.

나는 알지르 방문 후 카라간다 출장길에 카를락도 방문했다. 이곳에는 2차 세계 대전 때 군수물자를 생산하는 공장에서 힘든 노역을 했던 고려인 노동자 중에서 잡혀와 고문을 당하고 투옥된 사람들도 있었다고 한다. 이 박물관에는 그 당시에 수형자들에 어떤 방식으로 취조를 했는지를 생생하게 느끼게 해주는 장면들이 재현되어 있다. 스탈린은 연해주에서 강제이주 당한 고려인들이 일본의 스파이가 될 가능성을 염려하여 전선에는 보내지 않고 그 대신 강제 노역을 시켰다고 한다.

굴락은 스탈린이 공포정치로 소련을 통치하는 주요 수단의 하나였다. 1953년 스탈린 사후 굴락의 숫자는 줄어들기 시작했지만 그 전까지 1,400만 명이 굴락에 투옥되었으며 100여만 명이 굴락에서 죽어갔다. 이들 중에는 정치범뿐만 아니라 일반 경범자도 다수 포함되었다. 이들에 대한 재판은 약식으로 이루어져 인권이 상습적으로 유린되었다. 굴락을 설치한 후 스탈린이나 소련체제를 비판한 인사들은 굴락 행을 면할 수 없었고 이러한 공포심은 사람들의 자유로운 사고와 행동을 마비시켰다.

나자르바예프 대통령은 희생자들의 고통을 위로하고 이러한 인권탄압이 다시는 반복되지 않도록 기념박물관을 세웠다고 한다. 이곳에는 고려인 희생자도 기록되어 있다. 우리 대사관은 이곳에 카자흐스탄의 인권보호정책에 대한 감사비를 세웠다.

15 아스타나 엑스포

2012년 11월 22일. 파리에서 개최된 BIE총회는 카자흐스탄의 수도 아스타나를 차기 인정박람회 개최지로 선정하였다. 밤 11시경 하바르 TV는 파리 현지를 연결하여 엑스포 유치의 기쁜 소식을 국민들에게 알렸다. 나는 리셉션에 참석했다가 집에 돌아와 하바르 TV를 켰다. 마침 파리 현지에서 기자들이 흥분한 목소리로 벨기에 리에지를 꺾고 2017년 엑스포를 아스타나에서 개최하게 되었다고 생중계를 하고 있었다.

나는 즉시 페이스북에 이 장면을 올리면서 카자흐스탄 친구들에게 축하의 메시지를 전달했다. 그랬더니 카자흐 페친 학생이 나를 한국에 유학중인 카자흐 학생회에 소개하였다. 학생들은 나의 축하 메시지에 좋아요를 누르거나 감사의 뜻을 올렸다. 나는 주 카자흐스탄 한국대사관 홈페이지를 방문해 달라고 안내했다. 한꺼번에 몇 백 명의 젊은 카자흐 학생들을 만나게 된 것이었다. 첫 눈에 인상적이었던 것은 그들 모임에서 강남스타일에 맞추어 흥겹게 말춤을 추는 장면이었다.

예브라지아(유라시아) TV는 엑스포 유치 기념 특집 방송을 제작해서 방영하였다. 앞으로의 추진 계획과 함께 2012 여수 엑스포를 소개하였다. 이 방송이 나와의 인터뷰를 신청했다. 축하의 인사와 함께 여수 엑스포의 경제적 효과, 그리고 준비 과정에서 한국기업들이 적극 참여했으면 좋겠다는 내용을 언급했다.

그런데 인터뷰하러 온 청년이 어제 밤 내가 페북에 올린 축하 메시지를 보았다고 한다. 모르긴 몰라도 외국인 중에 가장 먼저 축하 메시지를 올려서 취재 대상이 되었을 수 있겠다는 생각이 들었다.

11월 26일자 카자흐스탄 프라우다지 1면을 보면 아주 흥미로운 기사가 실렸다. 잠빌주의 누르오탄당 대표와 잠빌 주지사가 엑스포를 유치하는데 나자르바예프 대통령이 크게 기여했음을 칭송하는 서한이다. 요지는 대통령이 OSCE 정상회의, 아시안게임 등을 카자흐스탄에 유치하는 데 커다란 지도력을 발휘했다는 것이다. 또한 엑스포까지 유치함으로써 산업다변화와 기술혁신의 결정적

계기를 마련했다는 것이다.

카자흐스탄 언론의 나자르바예프 대통령 찬양은 소위 민주주의 국가에서는 찾아보기 힘든 수준이다. 그런데도 불구하고 나의 눈길이 자꾸 그쪽으로 간다. 우선 아스타나 엑스포가 내건 슬로건이 너무 야심적이기 때문이다.

"미래의 에너지"이다. 이것은 분명히 석유, 가스, 석탄을 의미하는 것은 아닐 것이다. 태양광발전, 풍력발전, 폐기물에서의 에너지 재 추출 등을 의미하는 것이 아닐까? 이게 가능할까?

카자흐스탄에는 이러한 대체에너지, 신재생에너지에 관한 기초적인 입법도 이루어져 있지 않았다. 2012년 한 해 동안 수많은 에너지 세미나에서 기본입법을 해달라는 요청이 수없이 반복되었지만 전혀 이루어진 적이 없다.

이제 대통령이 국제 사회에 슬로건을 내걸고 엑스포를 유치했다. 과연 얼마큼의 진전을 5년 동안 이루어 낼 것인가. 나자르바예프 대통령이 유엔 총회에서 주창한 Green Bridge 정책도 내용이 없어서 주목을 받지 못하고 있는 형편이었다. 우리 정부가 주도한 GGGI에 창설 멤버로 참여하는 문제도 예산부족으로 포기한 적이 있다.

카자흐스탄이 엑스포를 유치하고 2주 정도가 지나서 카주바예프 경제개발 통상부의 통상위원장이 면담을 신청해왔다. 나는 코리아 하우스에서 오찬을 같이 했다. 2007년 스페인 사라고사 엑스포에 참석한 나자르바예프 대통령이 엑스포 유치를 결심했고 그때부터 엑스포 유치를 위해 연속 5년을 일해 온 인사였다. 엑스포추진 국가위원회가 설립되었고 관계부처 회의가 자주 열리고 있는데 일을 제대로 아는 전문 인력은 적고 일은 넘쳐서 힘들다고 어려운 상황을 설명했다.

그때 그에게 전화가 걸려왔다. 고개를 수그리고 전화를 받았다. "뭐라구? 워킹그룹을 따로 만든다고? 위원회가 이미 만들어졌는데 왜 자꾸 쓸데없는 조직을 만든다는 거야. 사람도 없는데..."

그의 목소리에는 짜증이 섞여 있었다.

엑스포를 유치하고 나니 숟가락 들고 설치는 인사들이 늘어난 모양이었다. 당연한 일이다. 이제부터 엑스포 관련 예산이 많이 배정되고 힘도 실릴 테니 자연스럽게 이 일에 뛰어드는 경쟁자들이 늘어나기 시작한 거다. 어느 나라는 성공한 일에는 유독 기여했다고 주장하는 사람들이 꼬여들게 마련이다. 그러나 감사라도 받거나 일이 삐걱거리면 줄행랑치기 바쁜 법이다.

그는 나에게 2013년 1월말 여수와 상하이를 방문할 예정이라고 했다. 먼저 엑스포를 개최한 도시를 방문해서 벤치마킹하려 한다고 했다. 나는 방문을 효과를 극대화하기 위해 사전에 컨설팅 받고자 하는 분야와 구체적인 질문들을 보내 달라고 했다.

그는 한국 방문 전이라도 감시카메라와 친환경 건축 소재 관련 우수업체를 소개해주도록 요청을 했다. 나는 대사관 홈페이지에 이를 공고하고 KOTRA와 지상사협의회, 중소기업연합회 등에도 알려서 희망업체를 수배하도록 하였다. 이러한 요청은 우리 기업에게는 커다란 호재였다. 엑스포 관련 건설수주나 필요 물품 조달은 가뭄에 단비 같은 존재였다.

카자흐스탄은 2017 아스타나 엑스포의 성공적인 개최를 위해 여수 엑스포에서 성공적이었던 부분을 한국 측에서 제안해 주기를 희망하고 있다. 여수 엑스포의 전문가를 국영회사에 초청하여 행사 종료 시까지 근무하도록 한 바 있다.

이러한 점을 감안, 우리나라는 여수 엑스포 전시장 건설, 운영, 사후관리 경험을 잘 활용할 필요가 있다. 사회주의를 경험한 주재국 특성상 사업진행속도가 매우 느린 편이나 시한이 정해져 있는 엑스포 행사의 경우 신속한 사업추진이 중요하며, 우리 기업의 장점인 신속한 공사추진 등 실적을 강조할 필요가 있을 것이다.

또한 스마트그리드, 태양광 등 에너지 효율화 및 신재생에너지 부분에 강점을 가지고 있는 우리 기업의 참여를 요청하고 있어 관련 우리 기업의 적극적인 대응이 필요하다.

16
차가운 땅속에 묻혀있는 보물

카자흐스탄은 희유금속 등 전략광물이 다량 매장되어 있어 자원 개발의 잠재력이 큰 국가이다. 카자흐에 전해 내려오는 전설에 의하면 조물주가 카자흐스탄 하늘을 지나가다가 하도 추워서 손에 쥐고 있던 귀한 광물들을 떨어뜨렸다는 것이다.

우라늄의 경우 세계 1위의 생산량(연 2만 톤)으로 전 세계 생산량의 33%를 차지하고 있다. 우리나라의 우라늄 소비량 중 25%를 카자흐스탄으로부터 수입하고 있다.

희토류를 포함한 희유금속의 경우 중국에 버금가는 잠재력이 있는 것으로 평가되어 일본 등이 우수한 기술력을 바탕으로 적극 진출 추진중이다.

크롬(2위), 망간(5위) 등 세계 5위내 매장량 금속을 다수(리튬, 베릴리움, 티타늄, 마그네시움 등 희유금속도 상당량 매장 추정) 보유하고 있다.

서유럽 크기의 영토(272만㎢)를 갖고 있어, 풍력·태양광·수력·지열 등 신재생에너지 잠재력이 매우 큰 상황이다. 특히, 풍력발전이 유망하여 UNDP는 주재국에서 중가르 분지, 아스타나 등 8개 지역을 풍력발전 최적지로 선정한 바 있다. 풍력발전은 연 1조 8천2백억MW, 태양광 발전은 연 25억MW의 잠재력이 있는 것으로 평가되고 있다.

독립 초기 대형유전이 석유메이저 기업 주도로 개발되어, 이에 대한 반성으로 국가의 영향력 확대를 추진하고 있다. 자원기업에 대한 카자흐 기업 지분 확대, 로컬콘텐츠(local contents) 시책을 강화하고, 조세체계를 변화시켜 자국이익 극대화 추구하고 있다. 연간 수출액 중 에너지와 기타 광물자원 수출이 차지하는 비중이 거의 90%에 이루며 외국인 직접투자에서도 에너지·광물자원 부문 투자가 약 70%에 달하고 있는 형편이다.

17
아스타나의 하이빌

2012년 대사로 내정되고 나서 처음 만난 기업인은 김인 동일하이빌 아스타나 지점장이었다. 나는 시간을 정해 일시 귀국 중이었던 그를 서울에서 만났다. 아스타나 대통령궁에서 이심(Isim)강 건너편에 있는 부지에 아파트를 지어 분양하고 있는데 재정적인 어려움과 분양 부진으로 힘들다는 이야기였다.

부임 후에 알마티의 우림건설, 아스타나의 동일하이빌 현장부터 방문하였다. 2008년까지 과열되었던 카자흐스탄의 부동산 거품이 터진 후과가 우리 기업들의 현장에 먹구름을 드리우고 있었다. 현장에서 고군분투하는 사람들을 만나고 뒤돌아 나오는 발걸음이 무겁기만 했다.

강정대 전무의 초청을 받아 동일하이빌 모델하우스 개소식에 참여하였더니 하바르 방송, 카자흐스탄 방송에서 나와 취재를 하고 있었다. 나는 한국 아파트는 온돌이라는 시스템으로 난방을 하기 때문에 아스타나처럼 혹한의 날씨가 수개월 지속되는 곳에서 카자흐인들의 건강을 지키는데 크게 기여할 것이라고 하였다.

인터뷰를 하다 보니 어느 새 분양 도우미처럼 열을 내서 설명하고 있는 내 모습에 웃음이 나왔다. 집에 돌아가서 방송을 보는데 낮에 한 인터뷰가 방송되고 있었다. 그 이후에도 여러 번 재방송되는 것을 보고 나는 번뜩 아이디어가 떠올랐다.

러시아어로 인터뷰를 하면 자주 방송을 탈수 있겠다하는 생각이 든 것이다. 영어로 하는 경우 더빙을 만들어야 하고 시간이 걸리기 때문에 방송사의 부담이 큰 모양이었다. 나자르바예프 대통령에게 신임장을 제정한 날 방송사들이 대통령궁에서 합동 인터뷰를 했는데 러시아어로 했더니 반색을 했다. 그 날 이후 각종 경제포럼에 참석하면 방송사들이 다가와서 인터뷰를 했다. 우리 정부의 정책이나 카자흐스탄에 진출해 있는 우리 기업의 고충과 입장을 공중파를 통해 카자흐 각료들에게 호소하는 기회가 되었다.

여름에 접어들면서 조금씩 분양이 된다는 소식이 들리기 시작했다. 동토의 땅에 얼음이 조금씩 녹기 시작한 것이다. 아스타나는 한 겨울에 쌓이고 쌓인 눈과 얼음이 너무 견고해서 좀처럼 녹을 것 같지 않다. 그러나 기온이 영상으로 올라가고 비가 조금씩 오기 시작하면 얼음 속에 물이 흐르는 통로가 생기고 이내 얼음이 녹아내린다.

그렇게 시작된 아파트 분양이 3년 후 이임할 때는 6천 세대를 넘어섰다. 직원들의 얼굴에 화기가 돌고 목소리도 우렁차게 변했다. 대사관저도 많이 입주해 있고 아스타나의 고위 관리, 기업인들이면 하이빌에 아파트를 구입하여 거주하거나 자식들에게 주기도 한다. 아파트 창으로 대통령궁을 바로 볼 수 있는 위치에 있다. 그들이 중요시하는 이슬람사원(메체츠)도 단지 옆에 새로 지어졌다.

혹독한 환경 속에서도 불굴의 의지로 어려움을 극복하고 현지사회와의 네트워킹을 통해 최고급 브랜드 아파트 분양을 성공적으로 해낸 기업에 경의를 표한다. 양질의 주택보급 사업인 '애플타운 프로젝트(유철준 부회장)'로 알마티에 진출한 우림산업, 성원건설 등의 건설사는 알마타 지역의 간헐적인 지진 발생과 중앙정부의 아스타나 지역에 대한 집중적인 재원 배정으로 어려움을 겪고 있어서 안타깝다. 고동현 하이빌 사장(고재일 회장)은 쉼켄트를 비롯한 카자흐스탄 다른 도시에서도 주택 보급 사업에 나설 계획이지만,

경제상황이 호전되어야 수익성이 높아질 것이라는 분석이다. 카자흐스탄의 건설 시장이 이제는 중국, 터키 등의 저가 공세를 벗어나 높은 품질의 주택과 인프라 건설 사업으로 서서히 변화해 가는 추이이다.

아스타나에는 손님들이 자주 오지 않았다. 알마티를 경유해서 지나가 버리는 경우가 많았다. 아스타나는 아직도 행정수도의 한계를 벗어나지 못하고 있기 때문이다. 간혹 사업 기회를 알아보기 위해 기업인들이 찾아오면, 대사관 직원들이 함께 맞이하여 설명회를 열어주었다. 당장은 아니더라도 좋은 기회를 발견해내는 기업이 반드시 있을 거라는 믿음이 있었다.

18
고구마 박사, 카자흐 땅을 밟다

한·카 기술협력센터장으로 정택영 박사가 새로 부임했다. 그는 도착 직후 고구마 박사 이야기를 꺼냈다. 나는 송금영 공사와 함께 당장 그 분을 카자흐스탄에 모시자고 제안했다. 2012년 10월말 고구마 박사는 어려운 일정을 조정해서 카자흐스탄 땅을 밟았다.

고구마 박사, 곽상수 박사는 경북대를 나와서 동경대학에서 박사가 되었다. 그는 남들이 별 관심을 두지 않았던 20년 전부터 고구마 연구를 시작했다고 한다. 내가 러시아를 선택하던 시절과 비슷한 시기에 남이 가지 않는 길을 갔다는 점에서 만나자 마자 동료의식이 느껴졌다.

카자흐스탄같이 춥고 생산성이 낮은 땅에서도 고구마가 자랄 수 있나요? 라는 질문에 박사님은 가능하다고 답했다. 고구마는 형질변경이 어렵기는 하지만 수년간의 연구결과 다양한 척박한 땅에서 재배할 수 있는 품종을 개발했다고 한다. 곽 박사님은 고구마와 함께 유목의 기초인 알팔파 재배도 필요하다고 했다. 인상 깊은 것은 중국이나 몽골의 사막화는 기후적인 측면도 있지만 가난 때문이라는 것이었다. 가난하니까 주위의 나무와 풀을 베어 땔감으로 써버리고 땅을 개선하지도 않으면서 경작만하여 산성화시켜 버린다는 것이다. 그래서 단순한 조림사업으로는 부족하고 주민들의 식량문제를 해결해 주어야한다는 것이다.

구황작물, 고구마.

가난에 찌든 시골에서 궁기를 때우던 작물 아닌가?

그래서 모두들 무시해버렸던 족보에도 못 끼는 작물 아닌가?

그런데 웰빙시대는 고구마를 귀한 손님으로 초대한 것이다. 어쩌면 카자흐스탄 정부의 고민을 한방에 날려버릴 비장의 카드가 될 수 있을 것 같았다.

카자흐스탄은 국토가 넓어서 농산물도 멀리 수송하기 어렵다. 수송비가 곡물가격보다 더 들 수 있다. 전력도 마찬가지이다. 그러한 점을 고려하면 적어도 주단위로 식량문제가 해결되어야 하는 것이다.

그러나 하루아침에 식생활과 경작습성이 바뀌지는 않는다는 것이다. 그러나 고구마는 카자흐인들의 고민인 고협압 방지에 좋은 것이다. 주식이 말고기와 양고기인 나라의 국민들은 고협압에 의한 사망률이 아주 높은 편이다. 카자흐인들의 귀가 솔깃할 것 같지 않은가?

곽 박사는 송 공사와 팀을 이루어 아스타나 북쪽의 콕시타우를 방문했다. 카자흐의 생명공학 연구소 연구진도 동행했다. 그들은 당장 내년이라도 연구소부지에 실험재배를 시작하자는 적극적인 태도를 보였다. 곽 박사는 알마타로 이동, 우쉬토베 지역도 방문했다. 그곳은 우리 정부가 비닐하우스를 시범사업으로 지어준 곳이기도 하다.

19 페트로파블롭스크 방문

AN-416기를 타고 페트로파블롭스크를 향했다. 우크라이나 사태 이후 러시아와 국경을 맞대고 있는 카자흐스탄 최북단의 도시의 상황을 살펴보기 위한 방문이었다. 이 도시를 가는 항공편은 SCAT항공편 밖에 없었다. 에어 아스타나가 운항을 하지 않는 도시인 것이다. 비행기는 30여 명을 태울 정도로 작고 낡은 것이었다. 소련 시절의 아에로플로트 비행기를 연상시키고 내부에서는 퀴퀴한 냄새가 났다.

다른 주를 방문할 때처럼 주지사와 국립대학 총장을 면담하였다. 면담시간은 짧았고 그들이 별로 의욕이 없구나하는 인상을 받았다. 아직은 여기까지 국가발전의 온기가 미치지 못하고 있구나

하는 느낌이 들었다. 그러나 2015년부터 카자흐스탄, 러시아, 벨라루스간의 유라시아 경제공동체가 출범하고 나면 교역의 중심지로 급부상할지도 모르는 요충지였기에 몇 개의 산업체도 방문을 하였다. 수행을 해준 주정부 인사로부터 이 지역의 특징에 대해서도 상세히 들을 수 있었다.

1941년 2차 세계대전이 발발하자 스탈린은 우크라이나 지역에 있던 군수, 중공업 공장들을 2개월 만에 철수하여 깊숙한 내륙인 파블로다르, 카라간다, 페트로파블롭스크 지역에 재배치하였다고 한다. 대단한 기동력이 아닐 수 없다. 카자흐스탄공화국은 소련이 히틀러와 싸우기 위한 후방 군수기지 역할을 톡톡히 한 것이다. 스탈린은 히틀러가 소련 깊숙이 공격을 해오자 계속 퇴각을 하면서 결국은 독일군이 한파로 인해 오도 가도 못하는 상황에 처하게 유도하였다고 한다. 그 동안 스탈린은 시간을 벌면서 카자흐스탄에서 군수물자를 확보하여 독일군을 퇴각시킬 힘을 비축했다고 한다.

페트로파블롭스크는 남시베리아가 시작되는 지역이다. 아스타나에 비하면 오히려 겨울이 덜 혹독하다고 한다. 끝없이 펼쳐진 타이가 숲이 바람을 막아주기 때문이라고 한다. 2016년에는 카자흐스탄 러시아간의 국경지역 정상회담 개최지로 선정되어 인프라 투자가 많이 이루어 질 것을 기대하고 있었다. 썰렁하기 그지없는 공항을 새로 건설하고 도로라든가 건물도 많이 신축될 거라고 한다.

20
우리나라와 카자흐스탄의 문화가 만날 때

카자흐스탄의 수도 아스타나는 광활한 스텝사막의 한 가운데 위치하고 있다. 1998년 나자르바예프 대통령이 남부의 알마아타에서 천도를 할 때 국내에서 뿐만 아니라 외교단에서도 저항이 만만치 않았다. 비교적 기후가 온화한 알마아타에서 북서쪽으로 1,200km가 떨어진 대륙성기후로 혹한과 혹서가 반복되는 곳으로 천도를 하는 것을 반길 리가 없었다.

우리 대사관은 2005년 아스타나로 이동했고, 2010년에 한국문화원이 개설되었다. 2018년에는 대통령궁 인근 외교단지에 청사와 관저를 완공하였다. 미국과 러시아가 제일 먼저 이 단지 내에

청사를 신축하였다.

한국문화원은 구도심에 위치해 있는데 IT 멀티미디어 홍보 전시관, 다목적 홀, 한류 콘텐츠 소개 전용관 등을 갖춘 최신 시설이다. 알마타에는 1992년부터 교육원이 개설되어 있다. 수교하자마자 교육원을 개설하였고 한국어, 한국문화, 한국 음식에 대한 교육과정을 열어 카자흐 젊은이들이 한국 문화에 접하도록 한 것은 선견지명이 있었다 하겠다.

아스타나에 개설된 한국문화원은 사막의 오아시스 같은 존재이다. 인도, 일본, 터키 등도 문화원을 개설하였지만 규모나 시설 면에서 한국문화원이 압권이다. 1992년 카자흐스탄과 수교하여 새로운 관계를 맺었는데, 우리 정부는 카자흐스탄을 비롯한 중앙아시아 국가들과 문화, 교육 외교에 정성을 다했다. 모름지기 새로운 국가 간의, 국민들의 관계 설정을 위해서는 문화외교만큼 효과적이고 중요한 것은 없으리라.

카자흐스탄 지방에서 학생들이 한국문화원 관광을 위해서 버스나 열차편으로 단체 방문을 하기도 한다. 우리 문화원에서는 호기심에 가득한 카자흐 유소년 학생들에게 짜임새 있는 프로그램을 제공한다. 그들은 체류기간 중에 문화원에 개설되어있는 과정을 체험해본다. 최신 한류 공연을 보는 과정은 그 중에서도 최고의 인기이다. 복도 한편에는 인기 있는 아이돌 스타들의 사진과 포스터가 붙어 있는데 그 곳에 자기 이름을 새겨 놓고 가는 학생들도 많다.

정치, 경제적인 관계는 부침이 있을 수 있기에 문화외교가 양국 간의 유대 관계를 유지하는데 커다란 버팀목 역할을 한다. 카자흐스탄 정부는 수교 이래 북핵문제를 비롯한 정치, 안보 분야에서는 한결같이 우리 입장을 지지해 왔다.

문화외교의 첫 단계는 양국 문화에서 공통 함수를 찾아내는 것이다. 우리 민족과 카자흐족은 수천 년 전 알타이 지방에서 같이 살다가 동과 서로 갈라져 민족이동을 했다는 설이 있다. 우리 동북아 역사재단과 카자흐스탄 문화부가 공동 추진한 카자흐스탄 내의 암각 벽화 연구 작업에서도 그러한 흔적이 발견되었지만, 역사적 고증작업으로 확인된 것은 아니다.

양국 언어를 비교해보면 양 민족 간의 역사적 연대성은 조금 더 있어 보인다. 카자흐어는 한국어와 어휘에서의 공통점을 찾아내기도 어렵다. 그러나 어순은 정확하게 일치한다. 카자흐어를 배우다 보면 어렵게 상상력을 동원하지 않더라도 쉽게 이해되고 자연스럽게 입에 붙는다. 수천 년 전 어디에선가 함께 살지 않았다면 이런 일이 가능할까?

이러한 어렴풋한 양국의 문화적 역사적 공통점을 찾기 위해 나는 쌍방소통형 문화외교를 추진했다. 그 중의 하나가 우리나라의 해금과 비슷한 카자흐스탄의 '코부즈'라는 악기가 있다는 것을 발견하였다. 문화원에서는 해금과 코부즈의 협연을 기획하였다. 코부즈로는 한국 음악을, 해금으로는 카자흐 음악을 연주하는 시도도 해보았는데 반응은 생각보다 뜨거웠다. 카자흐스탄 학생들의 마음 속에 민족적 자긍심이 뜨겁다는 것을 발견하는 순간이었다. 코부즈로 연주되는 사막의 노래 속에 포함된 각종 소리들은 꽁꽁 얼어붙은 우리 들판에서 들어본 듯한 소리들이다.

카자흐스탄 젊은이들은 한국 문화에 대한 관심뿐만 아니라 우리 진출 기업들에서 일하려 한다. 한국에서 유학중인 천여 명의 카자흐 학생들과 알마티 한국교육원, 아스타나 한국문화원에서 한국어를 배우는 학생들은 가슴 벅찬 희망을 갖게 된 것이다. 그들은 문화원과 나의 페이스북 친구가 되어 소통하기도 했다. 역사 속에서의 공통성을 찾는 것만큼 중요한 것은 현재에 같이 협력하면서 공통 언어를 찾아나가는 것이다.

그런데 한 가지 마음에 걸리는 생각이 있었다. 문화적 제국주의! 우리가 오랫동안 거부감을 갖고 있었던 이 일을 우리가 하고 있는 것은 아닐까? 70년대 학창 시절 미국문화원, 프랑스문화원, 독일문화원을 드나들며 선진 문화에 대한 갈증을 풀었던 기억이 생생하다. 그러나 그러한 문화원을 바라보는 다른 시각도 있었다. 그 때 젊은이들은 그들의 문화적 제국주의에 대한 의혹을 갖지 않았던가? 우리가 카자흐스탄에 다가가면서 유의해야 할 일이다.

다양한 형태로 가까워지는 양국 국민들 머릿속에는 한 때 함께 어울려 본 양국의 문화공연의 잔상이 남아있을 것이다. 오래가는 친구가 되려면 문화적 공감대가 필수 요소일 것이다. 문화외교는 안보, 경제 협력과 함께 조화를 이루어 추진되어야 할 것이다. 일방적인 선전이 아니라 친하게 된 친구의 아름다운 모습으로 각인되길 바란다.

21 중소기업 파이팅!

알마티에 출장을 가게 되면 중소기업인 협회를 찾는 기쁨이 있었다. 현지화 되고 생명력이 강한 기업인들이다. 우리나라와 카자흐스탄이 오랫동안 함께 일할 수 있는 토대를 마련한 사람들이다.

카자흐스탄을 굳건하게 지키는 우리 중소기업인들이 있다. 경동보일러를 판매하는 실로에너지의 조성관 사장도 그중 한명이다. 매장을 방문하니 때마침 카자흐 남성이 아버지를 모시고 경동보일러를 구입하러 왔다. 알마티에는 땅집이라고 불리는 개인 주택들이 많은데 난방장치가 시원치 않은 모양이다. 열효율이 좋은 우리나라 보일러들이 날개 돋친 듯이 팔린다고 한다. 그렇게 되기까지는 보일러 판매뿐만 아니라 어려운 이웃을 직접 찾아다니면서 불우이웃 돕기도 열심히 한 덕일 것이다. 알마티에서 시작한 사업이 국경을 넘어 우즈베키스탄과, 러시아 그리고 다른 중앙아시아 국가들로 확장되고 있다.

이츠스킨이라는 중소화장품을 카자흐스탄에 판매하는 윤현숙 사장도 억척스런 중소기업인이다. 알마티와 아스타나에 한 두 개의 매장을 열면서 시작한 사업이 이제는 카자흐스탄 전국으로 확대되었다. 외교단 자선 바자회에도 빠짐없이 참석한다. 대사관코너에 같이 자리를 하는데 카자흐 여성들이 줄을 길게 늘어선다. 화장도 시켜주고 일부 품목을 판매도 하고 선물로 주기도 하는데 인기가 만점이다.

정충환 카즈코대표는 우리 에어컨을 카자흐스탄 건설업체에 판매한다. 훈훈한 친화력으로 카자흐 파트너들의 마음을 사고 있다. 러시아에서 공부하고 대기업 상사에 근무하다 아스타나에서 개인사업을 시작하였다. 이러한 중소기업인들은 카자흐를 쉽사리 떠나지 않는다. 대기업의 프로젝트가 무산되고 전원 철수를 한 다음에도 그들은 카자흐스탄에 남아 있다. 러시아에서 삼성전자와 엘지전자가 국민브랜드에 매년 선정되는 배경이 있다. 1998년 러시아 금융위기 때도 떠나지 않고 러시아인들의 생활습관에 맞춤형 제품을 만들었다는 것이다. 카자흐 젊은이들 중에는 우리 중소기업의 파트너로 시작하여 기업을 키워나가는 경우가 적지 않다.

카자흐스탄이 지금은 환율이 폭등하여 이윤을 내기가 쉽지 않은 상황이지만 그들은 카자흐인들의 마음을 파고드는 마케팅을 하느라 오늘도 구슬땀을 흘리고 있다. 한인회장을 지내고 알마티 한인사회를 따뜻하게 감싸주고 계신 엄영섭 회장, 카자흐스탄 국립대의 김상욱 교수, 알카스 베톤사의 알렉스 전, 우림산업의 이광희 지사장 등은 카자흐스탄에 영주하는 한국인 홍보대사들이다.

이들은 최후의 승자가 될 것이다. 이들 중소기업인들은 1998년과 2008년의 금융위기의 모진 풍파를 이겨내고 현지에 깊이 뿌리를 내린 자랑스러운 한국인들이다.

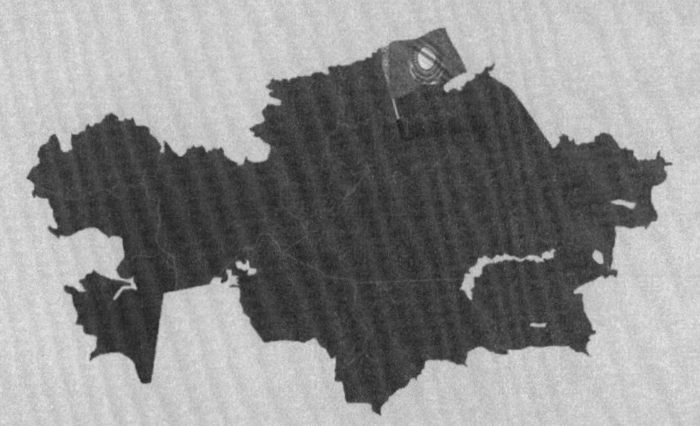

제2부
카자흐스탄의 국가건설

01
핵포기와 국가건설

1991년 신생 독립국 카자흐스탄공화국은 국제 사회에 핵무기를 완전하게 포기한다고 선언했다. 소련은 냉전시대에 러시아뿐만 아니라 우크라이나 벨라루스와 카자흐스탄에도 핵무기를 배치한 바 있다. 카자흐스탄은 세계 4위 핵무기 보유국이었다. 1,410개의 핵탄두, 104개의 대륙간 탄도탄을 보유하고 있었다. 40대의 전략 폭격기도 보유하였다. 148개의 미사일 발사 사일로도 갖고 있었다. 세미팔라틴스크(Semipalatinsk) 핵실험장과 함께 우라늄 탄광과 가공공장도 보유하였다.

소련의 첫 번째 핵실험은 1949년 세미팔라틴스크에서 행해졌다. 1949년부터 1989년까지 456회의 핵실험이 있었는데 그중 116회는 지상에서 이루어졌다.

카자흐스탄이 독립한 직후 핵무기를 포기한 이유는 무엇일까?

1991년 카자흐스탄이 갑자기 소련으로 독립되었을 때 주변의 지정학적 상황은 복잡하였다. 주변에 핵보유국이 존재하고 소련의 붕괴로 15개로 나눠진 국가 간의 영토분쟁 가능성도 상존하였다. 러시아와 미국은 카자흐스탄이 핵무기를 포기하도록 압박을 가해왔다.

1991년 8월 29일, 세미팔라틴스크 핵 실험장은 폐쇄되었다. 신생 독립국 카자흐스탄은 핵무기를 유지할 기술 인력과 자금도 부족하였다. 그와 동시에 미국은 카자흐스탄의 핵무기 포기를 전제로 쉐브론이 카자흐스탄 유전개발에 본격적으로 투자하고 기술협력을 하기로 하였다. 러시아는 핵우산을 제공하기로 하였다.

1994년 사파이어 프로젝트(Project Sapphire)에 의해 카자흐스탄은 동카자흐스탄 외스케맨에 있는 울바(Ulba) 철강공장으로부터 581kg의 무기급 고농축 우라늄을 미국으로 이전하였고, 미국은 현금과 기술 원조를 제공하였다.

이에 앞서 1993년 카자흐스탄은 NPT에 가입하고 미국과의 협력협정을 체결하였다. 1994년에는 넌-루가 협력협정(Nunn-Lugar Cooperative Threat Reduction Program)을 시작하였다. 1995년까지 모든 핵탄두, 1996년까지는 모든 대륙간 탄도탄을 러시아로 이전하였다. 1999년에는 모든 미사일 발사 기지가, 그리고 2000년에는 세미팔라틴스크의 모든 핵실험 시설들이 파괴되었다.

2006년 카자흐스탄은 '중앙아시아 비핵지대화'를 주창하여 2009년에 5개국이 모두 비준하여 발효되었다. 회원국들은 방사능 오염에 대한 공동대처뿐만 아니라 핵물질의 불법거래 방지를 위한 국경보안 강화에도 협력하고 있다.

2018년 10월 24일, 카자흐스탄의 수도 아스타나에서 개최된 "한반도 정세와 카자흐스탄의 비확산에서의 역할"제하 국제 라운드테이블에서 유라시아연구소의 다우렌 아벤 박사는 이러한 과정을 통해 "카자흐스탄은 핵무기를 포기하고 국가건설의 원동력을 얻었다"는 의견을 피력하였다.

독립과정에서 나자르바예프 대통령이 핵 폐기를 추진하자 내부에서는 찬반양론이 치열하게 펼쳐졌다. 핵무기를 유지해야 한다는 사람들은 이제 막 독립했는데 외부의 침입을 막고 카자흐스탄의 안보를 확보하기 위해서는 핵무기 유지가 필수적이라 하였다. 그러나 대통령을 따르는 인사들은 핵무기가 국가 발전에 도움이 되지 않을 것이라고 하였다. 신생 국가로서 국가를 건설하자면 외부로부터의 투자와 협력이 절실히 필요한데 핵무기를 보유하면 이러한 길이 막힐 것을 우려한 것이다. 모두 일리 있는 논쟁이었다.

그런데 카자흐스탄이 핵무기를 포기한데는 더 큰 이유가 있었다. 나자르바예프 대통령은 "핵실험으로 인해 독일 영토보다 더 큰 지역이 심각하게 오염되어 우리 세대뿐만 아니라 후손들도 사용할 수 없게 되었다"라고 하였다.

1980년대에 들어서 카자흐스탄의 반핵조직과 미국의 반핵주의자들은 '네바다 · 세미팔라틴스크 선언'이라는 조직을 만들어 핵실험장의 폐쇄운동을 하기도하였다.

나자르바예프 대통령의 자서전에는 실제로 그의 친한 친구들과 가족 중에서도 세미팔라틴스크 지역에 거주하면서 백혈병 등 각종 질환에 걸려 사망하거나 오랫동안 고통을 겪은 사례가 많다고 술회하고 있다.

카자흐스탄 독립 후 유엔 산하 기구와 우리나라, 노르웨이 등이 세미팔라틴스크의 복원과 환자치료에 나서고 있지만 핵실험의 상처를 치유하는 것은 요원한 일이다.

이러한 점을 분석해보면 카자흐스탄은 독립 후에도 이 지역에서 러시아가 핵실험을 하려 할 것이라는 우려를 갖고 있었음을 알 수 있다. 소련 시절에 설치된 바이코누르 우주발사 기지는 아직도 사용되고 있다. 카자흐스탄의 서부 크즐오르다 지역에 설치된 이 기지는 양국 간 협력 협정으로 계속 사용되고 있다. 카자흐스탄 정부는 국민들의 건강과 국가의 안보를 위협할 요소는 제거하고, 국익에 도움이 되는 시설은 존치하는 선택을 하였다.

카자흐스탄의 핵무기 포기는 우리에게도 시사하는 바가 크다. 북한의 핵실험과 핵무기 보유에 대한 우려가 어느 때보다 크다. 우리에 대한 직접적인 안보 위협이기 때문이다. 이에 더해 계속되는 핵실험이 풍계리뿐만 아니라 인근 지역을 오염시키고 인공지진을 유발하는 효과가 염려스럽다. 게다가 지하수 오염까지 일어난다면 과연 치유할 수 있는 것인지 의구심이 든다. 중국도 북한의 핵실험으로 인한 공기오염, 지하수 오염에 관심을 본격적으로 표명하고 있다.

카자흐스탄은 희망찬 국가건설 대신에 핵무기를 끌어안고 핵비확산 체제를 유지하려는 국제 사회의 압력을 견디어 나간다는 것은 너무 우울한 일이었을 것이다.

풍부한 에너지 자원 개발을 위해서도 외국인 투자를 끌어들이는 것이 중요했다. 1991년 독립 이후 지금까지 쉐브론, 엑슨모빌 등 메이저 에너지 회사들과의 협력을 통한 육상유전의 개발은 카자흐스탄을 중앙아시아 국가들 중에는 가장 풍요로운 국가로 만들어 주었다.

카자흐스탄은 미국을 비롯해서 우리나라, 유럽연합, 러시아, 중국 등과의 투자, 교역을 늘려가면서 유라시아 시대 중앙아시아의 중심국가로의 부상을 꿈꾸고 있다.

카자흐스탄은 중앙아시아 비핵화 및 군축노력에 적극 동참하면서 국제무대에서의 활동을 강화하고 있다. 1993년 핵무기 자진 포기 등 비핵화에 모범적 사례를 부각시키며 2006년 '중앙아시아 비핵지대화 선언' 주도, 2018년 3월 핵무기금지조약에 서명하였다.

핵무기금지조약은 핵무기 전면 폐기와 개발 금지를 목표로 하는 국제협약이다. 기존 핵확산 금지조약(NPT)이 미·영·프·러·중 5개국의 핵무기 보유를 인정한 반면, 핵무기 금지조약은 핵무기 개발·비축·사용·위협을 전면 금지하는 내용을 담고 있다. 2017년 7월 유엔총회에서 141국이 참여하여 동 협약을 채택하였으나 공인 핵보유국과 인도, 파키스탄, 북한, 이스라엘은 협상에 참여하지 않았고 한국, 일본은 북한의 핵무기 위협을 이유로 협약에 반대하였다.

나자르바예프 대통령은 2018 유엔안보리 의장국으로서 "대량살상무기 비확산: 신뢰구축 조치" 토론을 주재하면서 북한에 대해서도 자국의 자발적 핵포기 사례를 따를 것을 촉구하였다. 북한의 협상테이블 복귀 및 신뢰 분위기 조성을 위한 조건으로 "P5에 의한 대북 안전보장" 방안을 제안하였으며 카자흐스탄이 협상의 장을 제공할 용의를 표명하였다.

북한은 1990년 한·소 수교, 1992년 한·중 수교를 국가 존망의 위기로 인식하여 본격적인 핵개발의 길로 나섰다. 남한과의 경제발전 경쟁 대신 정권유지를 위한 막다른 골목 선택을 한 것이다. 그러는 동안 북한의 동맹국이었던 중국과 러시아도 각자의 방식으로 시장경제체제를 도입하여 경제 성장을 계속해왔다.

북한이 핵을 포기하면 리비아처럼 패망할 수 있다는 논리를 금과옥조처럼 되뇌일 것이 아니라 카자흐스탄처럼 현명한 선택을 하길 기대한다. 카자흐스탄은 핵 포기라는 어려운 결정을 내렸지만 국가와 국민의 장기적인 발전을 위한 분명한 길을 보여주고 있다.

2018년 한해는 한반도에 사는 우리에게도 뜨거운 한 해였다. 역사적인 남북정상회담이 세 차례나 열렸고 트럼프 대통령과 김정은 위원장도 싱가포르에서 정상회담을 가졌다. 2019년은 한반도의 비핵화와 북한이 경제건설의 길로 들어설 수 있을지를 시험하는 한 해가 될 것이다.

나의 동료 대사들은 내게 북한은 행운아라고 자주 언급하였다. 핵무기를 비롯한 대량살상무기를 개발하고 정치범수용소로 상징되는 대표적 인권 탄압국가임에도 불구하고, 언제든 마음만 고쳐먹으면 끌어안고 경제발전을 도울 준비가 되어있는 남한이라는 동족국가를 갖고 있어서 그렇다고 하였다.

우리는 북한이 우리의 이러한 자세를 생명의 줄로 생각하고, 단단하게 잡고 칠흙 같은 어두운 동굴에서 빠져나오도록 해야 하는 역사적 과제를 안고 있다.

북한도 카자흐스탄처럼 국운을 옳은 방향으로 정하는 지혜와 용기가 함께하길 기대해본다.

02 중앙아시아 국가들의 운명 개척

카자흐스탄이나 우즈베키스탄 등 중앙아시아 국가들은 우리나라와 마찬가지로 강대국들의 치열한 헤게모니 쟁탈전에 대한 경계심을 갖고 있다.

2014년 러시아의 크림합병은 유라시아경제 공동체 회원국인 카자흐스탄에게 예기치 못했던 충격을 안겨주었다. 카자흐스탄 각료들은 공개된 회의 장소에서도 카자흐스탄이 선의의 피해를 입고 있다고 언급하였다. 우크라이나 사태는 소련 시절 흐루시초프의 결정을 번복하는 의미 이외에도 냉전 종식 후 누적되어온 러시아와 미국, 유럽연합과의 갈등의 정점에서 터져 나온 사건이다.

카자흐스탄은 고래싸움에 새우 등 터지는 불쾌한 경험을 하고 있는 중이다. 한참 산업입국과 경제성장으로 뛰어나가려는 카자흐스탄의 발목을 잡은 것이다. 그래서 중앙아시아 국가들은 석유, 가스 파이프라인의 다양화, 러시아 이외의 도로, 철도망 확장에 관심이 큰 것이다. 러시아에만 의존하는 단선구도가 이들 국가의 안보, 경제적 위기를 불러올 수 있다는 염려가 큰 것이다.

중앙아시아 국가들은 새로운 길을 건설하고 있다. 중앙아시아 국가들은 유라시아 대륙에서 해양으로의 접근이 가장 제약되어 있는 내륙국가(landlocked country)들이다. 중앙아시아 지역에서 유럽으로 가려면 러시아 영토를 거쳐야 한다. 동북아시아로 가려해도 러시아나 중국을 거쳐야한다. 남쪽으로 가려면 아프가니스탄, 파키스탄, 인도를 통과해야 한다. 역사적으로 로마노프 왕조의 러시아제국은 남쪽으로의 접근을 위해서 흑해지역을 중시했다. 오스만 터키제국과 치열한 크림전쟁을 했던 이유도 여기에 있다.

중앙아시아 국가들이 소련에 속해있던 70여년의 기간 동안 중앙아시아의 항공, 육상 교통과 물류의 흐름은 대부분 러시아와 연결되어 있었다. 중앙아시아에서 다른 나라로 이동할 때 항공편을 이용하려 해도 모스크바를 경유하는 것이 가장 빠르고 편리했다.

그런데 중앙아시아 국가들은 1991년 소련으로부터의 독립을 계기로 국가 발전을 위해서는 다양한 교통로를 개척할 필요를 강하게 느꼈다. 카자흐스탄이 국제항공노선 확보를 위해 다양한 인센티브를 제공하는 것도, 투르크메니스탄이 가스 수출을 위한 파이프라인과 철도를 이란까지 구축하는 것도 같은 맥락이다.

카자흐스탄의 경우 중국과 유럽을 연결하는 국가로 부상하기위해 남부 호르고스 지역을 통과하는 서중국 서유럽 고속화도로 건설을 마쳤다. 이제는 알마티 외곽 순환도로 프로젝트를 추진 중인데 우리 기업이 참여하고 있다. 2년 전부터는 중국이 '일대일로'정책을 추구하자 중앙아시아 국가들은 교통로 확보에 더욱 박차를 가하고 있다. 이러한 정책의 배경에는 경제적인 측면뿐만 아니라 국가안보적 고려도 있을 것이다. 모든 교통 · 물류체계가 러시아로 연결되어있을 경우 러시아의 절대적인 영향력 하에 있을 수밖에 없기 때문이다.

원래 자기 땅이었다고 생각하는 러시아나, 일대일로의 대상국으로 보는 중국이나 이 지역에서 뿌리를 내리고 영향력을 확대하려 한다. 미국은 굳이 브레진스키가 '거대한 체스판'에서 언급한 속방통치론을 언급하지 않더라도 이 지역의 중요성을 실감하고 있다. 그런데 중앙아시아 국가들은 독립 이후 열강들의 먹잇감으로 전락하는 것을 단호히 거부하고 있다. 열강들은 한 · 중앙아 협력 포럼 같은 메커니즘을 만드는데 관심이 크다. 그러나 중앙아시아 국가들에게 그들의 엉큼한 속내를 들키는 순간 협력포럼 구상은 사라지고 말 것이다.

한반도의 경우는 어떠한가? 한반도에서 유라시아 대륙은 완전히 차단되어 있다. 자동차나 기차를 타고 북쪽으로 갈 수 있는 곳이 없다. 해양을 통해서만 일본, 미국, 유럽국가로의 접근이 가능하다. 내륙국가적 특성으로 인해 외부에 대한 접근이 제한되어 있는 중앙아시아 국가들처럼 우리나라의 경우도 유라시아 대륙에 대한 육상 접근 제약이 국가 발전의 커다란 장애물이 되고 있다. 한반도의 목이 졸려있는 형국이다. 이것이 바로 우리의 외교안보 정책의 최우선순위가 북핵문제 해결과 남북관계 개선에 두어지는 이유일 것이다.

북방정책과 햇볕정책, 포용정책은 중국, 러시아, 중앙아시아, 동유럽 국가들에 대한 항공, 해상 접근도를 크게 높여왔다. 북극항로까지 개척되면 우리나라는 오랫동안 목말라하던 외부와의 연결로 하나를 추가하게 되는 것이다.

한반도의 재통일이 이루어지면 한반도내의 도로망들이 급속히 연결되는 것은 물론 러시아의 동시베리아 지역의 도로망도 빠른 속도로 건설될 것이다. 러시아의 동시베리아 지역은 혹독한 기후조건으로 인구의 증가가 좀처럼 이루어지지 않는 지역이었다. 그러나 지구 온난화 현상은 동시베리아가 새로운 주거지역과 산업지역으로 부상할 수 있는 조건을 만들어 주고 있다.

한반도가 재통일되고 동시베리아 지역의 평균기온이 올라가면 동북아지역과 유라시아의 내륙 고립지역인 중앙아시아까지 연결되는 새로운 경제권이 급부상할 것으로 예상된다.

매년 개최되는 한·중앙아 협력 포럼은 이러한 시대를 염두에 두고 창설된 것이다. 작년에 한·중앙아 협력 사무국이 서울에 공식 개설되면서 협력 확대 가능성에 대한 기대감이 어느 때보다 높은 상황이다. 서울에서 중앙아시아까지는 항공편으로도 5시간 밖에 안 걸리는 가까운 지역이다. 우리 기업들이 중앙아시아 각국에서 신 도로건설, 신도시 건설, 산업인프라 건설에 매진하고 있다. 정부와 금융기관에서 이 지역을 통일 한국의 웅비를 위한 지역이라는 비전을 갖고 적극 지원해주기를 기대해 본다. 중앙아시아도 우리나라도 21세기 유라시아의 새로운 길을 만들어 가는 중이다.

우리나라나 중앙아시아 국가들은 강대국들의 헤게모니 쟁탈전에 휩쓸려 들어가기를 원치 않는다. 한반도의 비핵화와 남북관계 개선이 미중간의 안보, 경제전쟁의 종속변수가 되는 것을 경계해야한다. 카자흐스탄이 러시아와 미국, 그리고 중국의 큰 싸움에 자신의 경제성장이 종속변수가 되는 것을 경계하는 심리와 유사하다.

03 스텝에 세워진 카자흐스탄

15세기 중엽 카자흐인들은 지금의 카자흐스탄 중심지역에 처음으로 카자흐스탄을 건국하였다. 자니벡과 케레이 술탄이 모굴리스탄에 나라를 세운 것이다. 그 이후 16세기까지 영토를 확장하여 지금의 카자흐스탄 영토를 이루어냈다.

그러나 16세기 말부터 중가르 부족의 침입을 받아 18세기 초기에 멸망한다. 1723-27년간의 "대재앙의 해"에 목초지와 유목이동로를 상실하고 수공업 중심지로서의 지위도 상실한다. 이에 따라 카자흐인들은 18세기 초엽 러시아 황제에게 보호를 요청하여 복속된다.

1860년부터 시작된 러시아인들의 카자흐스탄 이동이 1914년에는 인구의 30%를 차지하기에 이른다. 1906년부터 시작된 스톨리핀의 농업개혁으로 러시아 중부 지역에서 50만의 러시아인들이 새로 이주하여 카자흐인들은 초원지역으로 쫓겨난다. 러시아 국가두마법에 의해 카자흐인들은 선거권도 박탈된다. 카자흐인들의 자기 의사 표시를 할 권한마저 상실하게 된 것이다.

이에 저항 1916년에는 전국적 민중봉기를 일으킨다. 1917 오렌부르그에 카자흐의 정치 지도자들은 알라수 정당을 조직하고 자치 공화국을 선언한다. 그러나 러시아의 공산혁명 와중에 멘셰비키와 연합 지도층이 처형되는 비극을 겪는다.

1936년에 이르러서는 카자흐스탄 소비에트 연방공화국이 탄생한다. 1919년부터 시작된 카자흐스탄의 대기근은 3백만 이상의 카자흐인의 목숨을 앗아갔다.

1950년대에는 소비에트 정권의 처녀지 개간운동으로 러시아, 우크라이나, 벨로루스에서 백만 명이 새로 이주하여 카자흐민족의 비율이 30%로 줄어들었다.

소련은 1930년대 말부터 강력한 산업화를 실시하는데 카자흐스탄은 원료 공급지화 된다. 세계 2차 대전 당시에는 소련의 유럽 지역에서 약 400개의 공장이 카자흐스탄으로 이동하여 산업이 크게 성장하기도 하였다. 여기에는 일반 노동자뿐만 아니라 재소자, 근로군인들까지 이주하여 왔다.

고구려의 고선지 장군이 3만의 군사로 15만의 티무르제국 군사에 패배를 당한 타라즈 전투는 카자흐스탄 남부, 우즈벡과의 국경 지역에서 있었다. 그 인근 지역 투르키스탄에는 이슬람 문화의 유적들이 남아있지만 그 규모는 크지 않다.

러시아인들은 카자흐인들을 '스텝의 유목민들'이라고 부른다. 그 비아냥 속에는 카자흐인들은 일정한 장소에 정착하지 못하고 말을 타고 양떼를 몰면서 스텝을 옮겨 다니던 무리라는 뜻이 내포되어 있는듯하다.

소련방에 속했던 70여 년간 카자흐스탄공화국은 전략적 병참기지였다. 우주선 발사기지인 바이코누르, 핵실험장이 있던 세미팔라틴스크는 소련에 전략적으로 매우 중요한 기지였다. 그러나 그러한 정책은 카자흐인들에게는 엄청남 희생을 가져다주었다.

세미팔라틴스크 지역 주민들이 암에 걸리거나 치료불가의 병에 자주 걸리는 피해는 오늘날까지도 계속되고 있다. 이러한 나라에 카자흐인들은 부존자원을 배경으로 산업입국에 나서고 있는 것이다.

04
성장의 핵심 축을 만들어라

카자흐스탄만이 할 수 있는 것, 그래서 세계 시장에서 팔릴 수 있는 산업을 만들어라.

끝이 보이지 않는 스텝의 지평선은 어떤 가능성을 암시하고 있는 것일까? 겨울에는 꽁꽁 얼어붙고 여름에는 저항이 불가할 정도로 작열하는 태양은 카자흐인들에게 어떠한 가능성을 줄 것인가? 지금까지 그저 삶의 장애물이었던 이러한 자연환경을 활용하여 돈을 벌 수는 없을까?

해답을 찾아라. 그러면 무한대의 부귀를 누릴 수 있을 것이다.

자동차산업일까? 석유화학산업일까? 포도주 생산일까?

우선 서유럽 국가들을 보라. 인구 1천만을 넘지 않는 국가들이 많다. 그런데도 각각 특징 있는 산업들을 갖고 있다. 카자흐스탄이 그러한 산업을 만들어 낼 수만 있다면 인구 규모로 보아 슈퍼파워가 되기는 어렵겠지만 견실한 중견국가로 성장하는 길은 보이는 듯하다. 2050년까지 주요 30대 국가의 진입도 가능할지 모른다.

외적의 침범과 믿고 몸을 의탁했던 러시아의 혹독한 대우가 카자흐인들의 운명을 백척간두에 내몰았다. 독일을 상대로 전쟁을 하기 위한 목적으로 소련의 깊숙한 후방지역 카자흐스탄에 군수공장들을 지었기에 산업의 기반을 마련 할 수는 있었다. 그러나 세련되지 않은 기술로 지은 공장들이 내뿜는 매연과 오염물질들은 국민들의 건강을 직접적으로 위협하고 있다. 무엇보다 세미팔라틴스크 핵실험장의 폐해는 많은 세월이 지난다 해도 치유되기 힘든 것이다. 바이코누르 우주발사기지는 아직도 운영되고 있는데 기상이변과 대기오염에 대한 우려가 있다.

이러한 악조건 하에 1991년 카자흐스탄은 독립을 쟁취했다. 러시아에 복속된 지 150년이라는 긴 세월 끝에 얻을 독립이라 카자흐인들에게 국가는 사랑할 수밖에 없는 존재인 것이다. “자유인”이라는 뜻의 카자흐인들. 그러나 역사의 질곡으로부터 자유롭지 못했던 자유인들. 그들이 이 광활한 스텝위에 산업화라는 역사를 써내려가고 있는 중이다.

한국과 카자흐스탄 간에는 왜 대규모 프로젝트들이 성사되었을까? 그렇다면 이러한 프로젝트들은 성공할 수 있을까? 내가 대사로 부임한 직후부터 다른 대사들로부터 받았던 질문이다.

카자흐스탄은 독립이후 20여 년간 나자르바예프 대통령의 1인 천하가 지속되어 왔고 외국인 투자를 받아들이기 위한 제도의 마련도 충분치 않다는 뜻일 것이다. 그러한 상황에서 한국 기업들이 추진하는 사업들의 안전성과 안정성이 보장되느냐 하는 뜻일 것이다.

쉽게 대답할 수 있는 성질의 질문은 아니다.

더군다나 2010년부터 불기 시작한 중동 발 '아랍의 봄'이 언제 카자흐스탄을 때릴지 모른다는 우려가 있는 것도 사실이다. 또한 카자흐스탄은 우즈베키스탄처럼 폐쇄주의가 아닌 개방적 시장경제 체제를 지향하고 있어서 외부에서 가해지는 충격에 취약할 수 있다는 평가도 있다.

나는 이러한 질문들에 대한 해답을 현장 방문과 나자르바예프 대통령의 전기, 그리고 만나는 각료들이나 고위관리, 그리고 페이스북을 통한 젊은 세대들과의 대화를 통해서 서서히 찾아갔다.

내가 발견한 대답들은 흥미진진한 것들이었다.

첫째, 나자르바예프 대통령과 그가 추구하는 정책들에 대한 국민들의 지지는 생각보다 단단했으며 충분한 근거가 있었다. 소련방(蘇聯邦)이 붕괴되기 전 카자흐스탄의 총리였던 그는 45세의 젊은 나이에도 불구하고 모스크바 소련 정치국원들을 대상으로 대담하고 끈기 있는 협상을 펼쳐서 신생 카자흐스탄의 국가이익을 확보했다. 서북지역에 위치한 대규모 유전의 개발권과 석유수송로의 신설을 통한 러시아의 영향력 약화, 핵무기의 완전 포기 및 국외반출, 러시아 및 중국과의 국경선 획정 문제 등 언제든지 신생공화국을 불더미 위에 던져 버릴 수 있는 난제들을 잘 풀어내고 주변국과도 정상적인 관계를 설정했다는 것이다.

카자흐스탄 내에 엄존했던 수구 정치인들의 반대도 수완을 발휘하여 잠재우는 정치력을 보였다. 민심을 달래고 인내로써 전환기적인 경제적 어려움을 이겨내기 위한 국민들의 이해와 인내를 이끌어 내는데도 성공하였다.

어쨌거나 이러한 나자르바예프 대통령의 리더십에 대한 국민들의 강력한 지지는 1998년과 2008년 두 차례의 글로벌 경제위기를 극복하는데도 커다란 기반이 되었다.

둘째, 카자흐스탄이 추구하는 산업화는 개방성과 기술입국에 집중되어 있다. 카자흐인들의 한국 알기는 깊숙하게 진행되어 있다. 한국의 신성장 산업정책, 의료, 정보, 자동차, 조선, 화학, 전기 생산 및 송전, 배전 등에 대해 그들은 열심히 연구하고 분석했다. 그들은 손에 잡힐 것 같은 위치에 있는 우리 기술습득에 총력전을 펴고 있다. 우리 기업들도 카자흐스탄 엔지니어와 숙련공 양성이 카자흐 진출에 중요한 기반이 된다는 점에서 우호적이다. 대통령을 비롯한 각료들이 입만 벌리면 한국 따라잡기를 외치는 것이 우연한 일이 아니다. 그들은 세계 50대 주요국 입성을 목표로 하고 있다. 그 다음은 주목받는 신흥 산업국으로 도약하여 중앙아시아의 맹주가 되겠다는 것이다.

셋째, 카자흐 정부는 인재들의 양성이 산업화에 필수불가결 요소라는 판단 하에 '볼라샥'이라는 국비유학생제도를 오래전부터 시행해 왔다. 유학생 중 대부분은 미국이나 영국을 선택했다. 그러나 최근 한국기업이 본격 진출하면서는 한국을 선택하는 학생이 늘어나고 있다.

최근 카자흐정부가 나자르바예프 대학을 아스타나에 건립하고 70여 명의 외국 유수 교수를 초빙하였다. 이공계 위주의 대학이다. 국가의 막강한 지원하에 미래 카자흐를 이끌어 나갈 인재들을 양성하고 있다. 이 대학의 총장은 세계은행 출신의 일본인이다.

넷째, 카자흐정부는 무엇이든지 최고를 지향한다. 외국으로부터의 기술도 세계 최고를 희망한다. 바이메노프 공공행정장관은 카자흐형 케네디스쿨을 설립하려 한다. 이를 위해 미국의 하버드나 영국의 옥스퍼드 등 세계 유수대학을 벤치마킹하고 있다. 나는 그에게 미국도 좋지만 한국의 중앙공무원교육원이나 KDI, KAIST 같은 기관을 연구해 보도록 권고했고 그는 2012년 말 한국을 방문했다. 압축형 경제성장을 시현한 한국에서 그들은 눈을 뗄 수 없는 것 같다. 나는 2012년 여름 중앙공무원교육원과 한국공공행정학회가 카자흐 공무원 교육원과 합동 세미나를 하도록 주선했다. 이제 양국 간의 협력은 본궤도에 올랐다. 매년 상호 방문하면서 공공분야 서비스의 질적 향상을 위해서 협력하고 있다.

카자흐스탄은 60년대 말 한국이라고 할 수 있다. 다른 점은 한국은 암울한 상황에서 한번 커보자는 막연한 몸부림을 치고 있었을 뿐인데 비해 카자흐스탄은 유복한 환경에서 발전을 지향하고 있다는 차이가 있을 뿐이다.

카자흐스탄을 바라보며 불안한 점은 풍부한 석유와 광물의 매장량이 국가 발전에 도움이 되지 않을 수도 있다는 것이다. 자칫 산유국들에서 나타날 수 있는 페트로스테이트의 부정적인 분위기가 자리 잡는 것을 경계해야 한다. 지금 카자흐스탄은 국민들이 정말 같은 곳을 향해 가고 있는지 점검해볼 필요가 있다. 민주주의의 잣대를 꼭 들이대지 않더라도 이 사회에 내재한 국민적 합의가 있다면 카자흐스탄의 발전 가능성은 과소평가 할 수 없을 것이다. 그러나 젊은이들 중에는 자신에게는 희망이 없다고 느끼는 경우도 있다고 한다. 명문 가문과 권력층의 자제 이외는 사회적 신분 상승의 가능성이 없다고 느끼고 있는 사람들이 있다. 그게 사실이라면 우리가 겪어왔던 '그들만의 리그'가 카자흐스탄에도 엄존하고 있는 것이다. 아마 이러한 현상이 지속 된다면 언젠가는 카자흐스탄의 안정을 결정적으로 흔들어 놓을 것이다.

다섯째, 나자르바예프 대통령은 제한된 인재풀을 효과적으로 활용한다. 실무진으로 시작, 중견간부 과정을 거치면서 능력과 청렴성을 검증 받은 인재들이 30대말에 차관으로 기용된다. 40대에 들어서면 장관에 기용된다. 총리가 40대 중반에서 50대 초반에 기용되는 상황이다. 좋은 성과를 내는 각료들은 쉽게 바꾸지 않는다. 교체를 할 때는 실책이나 업무부진, 건강 등 분명하고 납득할만한 이유가 있을 때이다. 이러한 인사스타일을 통해 부하들의 충성심을 확보하고 열심히 일하게 만든다.

2008년 금융 위기 때 기용되었던 카림 마시모프 총리는 위구르계이다. 그는 이 위기상황에서 카자흐스탄을 지켜냈다. 구원투수 역할을 톡톡히 하고 대통령의 신임을 확보한 상황에서 6년의 임기를 마치고 2012년 9월 개각에서 대통령 행정실장으로 이동하였다. 행정부담은 덜고 권력의 핵심으로 이동한 것이다. 새로 총리에 임명된 세릭 아흐메토프는 나자르바예프 대통령이 카라간다 금속공장에서 일할 때부터 호흡을 같이 해온 측근이다. 교통통신부 장관으로 일한 후 부총리를 잠시 거쳐, 카라간다 주지사로 이동, 능력을 인정받아 제1부총리로 발탁된 후 9개월 만에 전격적으로 총리에 기용되었다. 나자르바예프 대통령은 아흐메토프를 기용하여 혁신적 산업정책에 박차를 가하기 시작했다. 2016년 임기 종료 시까지 산업분야에서 국민들이 납득할 만한 구체적인 성과를 내기 위함이다.

2011년 나자르바예프 대통령은 혁신적 산업화정책이 지지부진하다고 각료들을 질책한 바 있다. 아흐메토프의 기용은 이러한 정책추진의 새로운 동력을 얻고자하는데 있을 것이다. 나자르바예프 대통령은 서방으로부터의 혹평을 받은 서부지역 자나오젠 사태의 책임을 물어서 둘째 사위를 국부 펀드 회장에서 퇴진시킨 바 있다. 그가 중간에 독직 사건에 연루되어 물러난 것은 안타까운 일이다.

각료들은 나자르바예프 대통령 앞에서든 없는 곳에서든 대통령의 훌륭한 리더십에 경의를 표한다. 그러나 그들은 또한 입발림만으로는 대통령의 신임을 유지할 수 없다는 사실도 잘 알고 있다. 그들은 자기가 하고 있는 업무가 항상 평가되고 있다는 사실에 민감하다. 또 하나는 대통령의 신임을 믿고 무소불위의 권력을 휘두르거나 차기 주자 운운하는 인사들은 예외 없이 권력에서 제거되었다. 특히 나자르바예프 대통령이 나이가 70이 넘어서면서 부터는 서둘러 유리한 고지를 차지하려는 성급한 인사들의 모습이 목도되기 시작한 것이다.

개도국들에 만연해 있는 각료들의 무기력증이 카자흐스탄에는 거의 없다. 그들의 나이가 젊기도 하려니와 신분상승의 기회가 활짝 열려있다는 생각에 좋은 업적을 남기려는 욕구가 강하다. 실제로 장관이나 주지사들을 만나보면 외국인 투자유치가 입에 붙어있다. 전국 곳곳에 투자유치센터도 설치되어 있다.

문제는 지방관리 들이 아직도 자신의 이권 챙기기에 몰두하고 있다는 것이다. 도로공사 하나에도 여러 가지 핑계를 대면서 돈을 뜯어내려는 하급관리들이 만연해 있다. 시장의 경우도 시공능력 없는 자신의 친척회사를 하도급업체로 선정하라고 압력을 가하는 경우가 있다. 돈은 받아가고 공사는 하지 않아 우리 진출업체가 막대한 피해를 보는 경우도 있다. 이러한 문제점을 어떻게 없애느냐가 대통령과 국무총리의 고민거리다. 대통령은 급기야 각주에 중앙에서 부지사를 파견하기에 이르렀다. 과다한 토지보상을 친인척을 동원해서 뜯어내던 건설차관이 독직혐의로 파면되기도 했다.

대통령으로서는 중앙부처뿐만 아니라 지방 관리들까지 국익과 국민에 봉사하는 정신을 갖게 하는 것이 시급한 과제이다. 어느 나라건 이것이 제일 어려운 과제일 것이다. 더군다나 민간분야에 비해 낮은 임금을 받는 공무원이 청렴하기는 어려운 노릇이다. 민생 차원의 비리근절은 참으로 어려운 문제일 것이다.

아직은 소수에 불과하지만 카자흐스탄에는 건전하고 젊은이들이 국가와 공기업을 운영해 나가는 엘리트집단으로 그 실체를 드러내고 있다. 볼라샥 장학금을 받아서 외국에서 유학한 학생들은 5년간 공공기관이나 기업에서 의무 복무를 하도록 되어있다. 이들은 외국 대사관에도 근무하는데 이 경력이 때로는 결정적인 밑천이 되어 좋은 일자리를 찾게 되는 경우가 있다. 성장하는 국가에서 외국 대사관 근무를 평생 할 필요는 없을 것이다. 대사관 근무를 통해 근무기강, 윤리의식, 책임감 등을 습득하는 과정을 높이 평가하고 있는 것이다. 사기업들이 많지 않은 상황에서 나타나는 현상이다.

2013 가을 어느 날 아주 흥미로운 기사를 읽었다. 한 달 전에 나자르바예프 대통령이 각료들과 주지사들이 일을 제대로 하지 않는다는 질책을 했다는 기사가 있었다. 또 며칠 전에는 대통령이 대통령실 회의에서 수석비서관들이 각 부처와 주정부에서 일을 제대로 하는지 잘 챙겨보지 않는다고 비난했다.

그런데 오늘은 아흐메토프 총리가 각 부처의 일 잘못하고 게으른 장차관을 지적했다는 기사가 실린 것이다. 실명이 다 거론 되었으니 삭탈관직은 눈에 불을 보듯이 빤한 일이다.

같은 날 외교부 홈페이지에는 외국인들에 대한 사증발급 간소화 방안이 공고 되었다. 우리 기업인들과 유학생들의 사증에 대한 불만 접수가 급증하고 있는 상황에서 전격적으로 발표된 방안이다.

한 달 여전 집권당인 누르오탄당의 당 대회를 참관해보니 형식적인 대회가 아니라는 것을 느꼈다. 늙고 구태의연한 당료들을 다 퇴진시키고 젊고 의욕이 강한 당 간부들을 대거 임명하였다. 대통령 바로 아래 부총재가 당을 지휘하고 있는데 이제 40대 중반에 불과하다.

대통령은 카자흐스탄 발전 계획 2030에 이어 2050가지 발표를 하고 각료들과 주지사들의 분발을 독려해왔다. 그러나 우리가 추진 중인 대형 경제협력 프로젝트는 지지부진했다. 대통령은 관료들이 일하는 척만 하고 있다는 느낌을 갖게 된 것 같다.

수많은 세미나가 아스타나에 쉴 새 없이 열리고 있지만 사업은 앞으로 나가지 못했다. 일하는 척하면서 과장된 결과보고만 양산되고 있었던 것이다.

작년에 이어 올해도 나자르바예프 대통령의 호된 비판이 반복되었다. 이제는 커다란 변화의 바람이 불어오는 것 같다. 스텝에 강력한 부란이 불어 닥치는 것이 분명하다.

05 노마드의 땅

노마드(Nomad)는 유목민이라는 뜻이다. 21세기에 들어서는 노마드가 자유롭게 이동하면서 창의적이고 네트워킹을 잘 활용하면서 살아가는 인간 집단을 뜻하게 되었다.

카자흐스탄은 노마드의 땅이다. 한텡그리산은 그 기백이 신비롭고 웅장하다. 카자흐스탄의 남쪽으로부터 키르기스탄에 걸쳐 뻗어 있는 이 산은 알피니스트들을 끌어당기기에 충분하다.

카자흐스탄을 살펴보면 동쪽의 알타이 지역이 또 다른 매력지일 것이다. 라흐마놉스키 클류치는 차로 가기에는 너무 험하고 먼 곳이다 인간들에게 쉽게 접근할 수 없는 매력적인 장소이다. 멀리서 보아도 한국의 산세를 닮은 듯 하면서도 더 깊고 굴곡진 산세가 평평한 스텝의 지루함과 단조로움을 잊게 해준다. 카자흐스탄은 이렇게 웅장한 산들을 허용하고도 끝이 보이지 않는 황량한 스텝사막으로 전국토의 대부분을 덮고 있다.

부임 후 주말이면 차를 몰고 스텝 중에 있는 물가로 피크닉을 자주 나갔다. 스텝의 바람 소리를 듣고 있으면 카자흐 무사들의 경쾌한 말발굽 소리가 들리는 듯 했다. 그들의 용맹함을 기리는 말달리기 축제가 열리기도 했다. 명마들이 출연하고 기수들의 재주가 구경 온 손님들을 감탄하게 하였다

카자흐스탄인들은 유목민이었다. 그러나 오늘날 카자흐스탄의 주류는 정착민이다. 말을 타고 경계를 모르는 스텝을 뛰어다니던 그들의 본능이 이제는 도시를 확장하고 높은 건축물을 건설하는 방식으로 표현되고 있다. 그 열기가 얼마나 강한가?

동서남북으로 수백 킬로미터를 가야 하는 황량한 아스타나에 새로운 수도를 만들어 천도한 그들이다. 구도시가 있기는 했다. 그러나 겨울이면 아스타나에서 다른 도시로 가는 도로들이 수시로 폐쇄된다. 혹한과 강풍을 동반하는 눈보라를 뚫고 다른 도시로의 이동을 시도하는 것은 자칫 목숨을 앗아갈 수도 있었으리라.

카자흐인들은 생각보다 성격이 급하다. 원하는 것을 얻을 때까지 뛰어간다. 아스타나 시내에는 곳곳에 차량속도 제한이 설정되어 있고 단속 카메라도 설치되어 있다. 그러나 운전자들은 카메라가 없는 지역에서는 스텝에서 말달리듯이 좌우로 계속 차선을 바꾸어 가면서 질주한다. 그래서 교통사고가 자주 나고 차량이 대파되는 경우도 있다.

골프 코스에서도 카자흐인들은 좀처럼 걷지 않는다. 주로 카트를 타고 쏜살같이 다음 샷을 할 곳으로 이동하여 주저함 없이 샷을 날리곤 한다. 샷을 한 후에는 또다시 카트를 타고 다음 샷을 향해 달려간다. 그들이 우리 팀에게 양보를 받아 먼저 지나가버린 후의 느낌은 말달리는 전사들이 바람처럼 지나가 버렸구나 하는 느낌이다. 기동력에서는 최강임에 틀림없다. 겨울에는 골프를 유독 좋아하는 이드리소프 외교장관과 스크린 골프를 자주 즐겼다. 시가를 즐겨 피고 버디를 하게 되면 동반자들에게 위스키 한 잔 씩을 돌리곤 했다. 체력이 좋아서 18홀로는 만족을 못하는 그였다.

봄이 되어 눈이 녹으면 외교장관배 골프 대회가 열리곤 했다. 대통령배 골프 대회도 개최되었는데 골프를 하는 대사들이 거의 없어 대통령이나 장관들과 친분을 쌓을 좋은 기회였다. 코스에 나가면 모기들이 많은데 우리나라에만 있다는 셔츠에 부치는 모기퇴치 패치가 인기가 좋았다. 외교장관은 사냥을 같이 가자고 나에게 권하기도 했지만 나는 동물 살생하는데 거부감이 있어 사양했다. 그들의 역동성을 다 따라가려면 힘이 부친다.

아스타나의 겨울은 몹시 춥고 길다. 영하 40도의 날씨가 한번 오면 열흘은 계속된다. 긴긴 겨울 동안 출장도 어려워지고 찾아오는 사람들의 발길도 끊긴다. 나는 주말마다 스피드 스케이팅과 볼링을 하면서 체력 유지에 안간힘을 썼다.

알라우 스케이팅 장은 국제대회를 하는데 손색이 없는 경기장이다. 소치 동계 올림픽 직전 이상화, 이승훈 등 우리 선수단이 참가하였다. 경기장에 태극기를 힘껏 휘두르며 응원하였다. 네덜란드 대사도 직원들과 응원 왔는데 우리 선수들의 활약에 경탄을 금치 못했다. 내가 이임할 때쯤에는 어린이 스케이트 교실이 생기기도 하고 주말이면 인산인해가 되었다. 추위를 이겨내려는 카자흐인들의 모습이 감동적이었다.

06 유전개발과 외국인 투자

카자흐스탄 북서부 지역은 석유와 가스의 집중 매장지이다. 소련 말기에서 독립 후 카자흐스탄은 쉐브론을 비롯한 메이저 회사들의 투자와 기술을 끌어들여 유전을 집중 개발하여 국가건설의 초석을 마련하였다.

주요 유전을 살펴보자.

텡기즈 유전은 가채매장량 원유 58억 배럴, 가스 138bcm의 대형 유전이며 카자흐스탄의 독립 직후부터 본격적으로 개발된 유전이다. 신생독립국가 카자흐스탄의 국가 발전의 소중한 젖줄이었다. 나자르바예프 대통령의 친미 성향이 나타나게 된 원인이기도

하다. 텡기즈쉐브로일이 개발중이며 2017년부터 생산시설 증설에 따라 하루 80만~85만 배럴의 원유를 생산하고 있다. 티무르 술래이메노프 국가경제장관에 의하면 2019년에는 연간 26백만 톤을, 2022년에는 39백만 톤의 원유를 생산할 예정이다.

카샤간 유전은 가채매장량 원유 130억 배럴, 원시부존량 380억 배럴의 초대형 유전이다. 이태리 Eni 주도의 국제컨소시엄 Agip KCO가 개발해 오다가, 재는 카자흐 석유공사 등과 공동 생산하고 있다. 2018년에는 13백만 톤, 2024년에는 16백만 톤을 생산할 예정이다.

카라차가낙 가스전은 가채매장량 가스 564bcm, 컨덴세이트 31억 배럴 규모이다. BG와 Eni 주도의 국제컨소시엄 KPO가 PSA에 따라 개발중이며, '12년 7월 KMG가 10% 지분으로 프로젝트에 참여하였다. '11년 가스 15bcm, 컨덴세이트 22만b/d를 생산하였으며 3단계 프로젝트 추진을 통해 가스 생산량을 연 38bcm으로 증대할 예정이다.

유전에는 많은 외국인 기업들이 참여하고 있다.

미국의 경우 Chevron이 국제석유기업(IOC) 중 가장 큰 두각을 나타내고 있으며 텡기즈(50%)와 카라차가낙(18%) 및 CPC 송유관(15%)에 지분을 보유하고 있다. 특히, 구소련 시기에 텡기즈 협상에 참여하였고 카자흐스탄 독립 직후부터 석유개발 사업에 참여해 오고 있다.

미국정부는 에너지 공급원으로서 카자흐스탄을 중시하며 엑슨 모빌, 셰브론, 코노코 필립스 등 미국계 원유 메이저들의 안정적인 활동을 지원하며 러시아를 경유하지 않는 BTC 송유관 등 카스피해 연안국 에너지 자원의 대외 수송로 건설을 지원하고 있다.

중국은 지난 10년간 상당한 규모의 투자를 계속하여 10억 톤 규모의 원유매장량을 확보하여 카자흐스탄 광권의 22%, 원유생산량의 28%를 차지하고 있다.

중국은 불확실한 탐사유전보다 주로 생산유전, 확인된 매장량을 갖고 있는 유전에 집중 투자하고 있는 바 배럴당 5-6불을 생산유전 매입대가로 지불하는 것이 세계시장에서 배럴당 75불에 수송비를 합쳐서 구매하는 것보다 유리하다고 판단하고 있다. 중국기업들은 카자흐스탄 내에서 가장 활발한 활동을 하고 있다.

그러나 향후 중국기업의 석유생산은 늘어나기 어려울 것으로 전망되며 그 이유는 중국기업이 보유한 유전이 이미 생산피크에 도달하였기 때문이다. 다운스트림 분야에서 페트로카자흐스탄사 쉼켄트 정유공장을 소유하고 있다. Sinopec 엔지니어링은 KPI와의 아티라우 석유화학 플랜트 프로젝트(폴리프로펠렌 생산, 2014년 완공예정)를 진행중이다. 아티라우 정유공장 현대화 사업(2015년 완공예정)은 Sinopec 엔지니어링 주도하 Marubeni, KazStroy

Service 컨소시엄이 진행중이다.

주요 유전의 개발 경위와 문제점을 살펴보자

텡기즈 유전은 미국 쉐브론사의 주도하에, 카라차가낙(Karachaganak) 유전을 비롯해 최대 규모인 카샤간(Kashagan) 유전은 이탈리아 ENI 주도에 의해 개발되어 왔다.

그 결과 2011년 쉐브론사는 하루 35만 배럴, 엑슨모바일사는 하루 15만 배럴을 생산하여 카자흐스탄 원유생산량의 31%가 미국기업에 의해 이루어졌다. 석유생산 증가를 위해 텡기즈 유전 2단계 프로젝트, 카라차가낙 유전 3단계 프로젝트를 추진중이다.

한편 카스피해 카샤간 유전 상업생산은 2013년 생산개시 예정이었으나 일정이 연기된 바 있다. 2014년은 카자흐스탄의 해상유전 개발이 근본적으로 붕괴된 해가 되었다. 카샤간 유전에서 육상으로 연결되는 파이프라인이 폭발하여 전면적인 재공사가 필요하게 되었다. 600억 달러가 넘는 개발자금이 이미 투입되었지만 상업 생산은 적어도 몇 년간은 불가능해진 것이다. 엎친 데 덮친 격으로 우크라이나 사태 이후 국제 유가가 급속히 하락하는 바람에 생상단가를 맞추기도 힘들어졌다.

키샤간 유전은 지난 40년 동안 발견 된 세계에서 가장 큰 유전이며 상업생산이 시작되면 카자흐스탄은 세계 5대 석유 생산국가로 올라서게 된다. 문제는 유황성분이 많이 포함되어 있고 생산단가가 높다는 것이다. 2013년까지 6개 외국 회사들이 개발에 투자한 돈이 600억 달러에 이르고 최종적으로는 2,000억 달러가 투입될 것이라 한다. 상업적인 이익을 내기 위해서는 유가가 배럴당 100달러를 넘어서야 하는 입장이다. 이러한 점과 환경당국의 견제 때문에 코노코필립스 등은 지분을 팔아버리고 떠나기도 했다. 2016년에야 기술적 문제들을 해결하고 상업 생산을 시작하였다.

카자흐스탄은 에너지 수출망을 장악하고 있는 러시아의 영향권 탈피를 목표로 수송로 다변화 추진으로 중국과의 파이프라인 연결 및 서유럽으로의 수송로를 확보하였다.

그 결과 2009년 10월에는 서카자흐스탄 유전지대에서 서중국까지 송유관 2,300km를 완공하였다. 또한 2009년 12월에는 투르크메니스탄에서 우즈베키스탄을 거쳐 카자흐스탄을 통과, 중국까지 연결되는 가스파이프라인 1단계 공사를 완공하였으며 수송량은 40bcm이다.

카자흐 정부는 2000년 이후 고도 경제성장과 원유개발사업 등을 통해 확보한 자금력과 노하우를 바탕으로 과거 독립 초기 서방 메이저들에게 지나치게 유리한 조건으로 제공했던 광구의 지분 일부를 재매입하여 수익률을 높이는 정책을 추진중이다. 이제는 실속을 제대로 챙겨야겠다는 생각이 든 것이다.

카자흐 국영 석유가스공사(KazMunaiGas: 카자무나이가스)는 2011년 12월 3대 대형유전 중 하나인 카라차가낙 유전의 지분 10% 인수(5%는 무상, 5%는 시장가격인 10억 불을 지불)하였다.

서방 메이저들은 채산성 악화와 국제적인 원유 감소를 예상하여 지분을 줄이거나 아예 발을 빼내려는데 비해 중국은 이러한 상황을 활용하여 지분을 늘려 나가려 하고 있다. 중국으로서는 인근 국가인 카자흐스탄에서의 원유도입은 작은 이익 변동을 고려할 필요 없다는 입장이다. 더구나 파이프라인이 서중국까지 직접 연결되어 있으니 도입 단가를 낮출 수 있는 이점도 있는 것이다.

카자흐스탄은 석유생산 피크에 도달하지 않은 몇 개 안되는 국가 중의 하나이다. 2016년 9월 카샤간 유전 상업생산 시작 및 대형유전 생산량 확대에 따라 각종 인프라, 석유화학 및 가스처리 플랜트의 발주가 증가할 것으로 예상된다.

중국 최초의 직접적 석유수입 송유관으로 카자흐 아티라우에서 신장 위구르 자치지역 알라샨코우까지 연결(2만8천km)하며 연간 수송능력은 켄키약-쿰콜 10백만 톤(일산 20만 배럴), 아타수-알라샨코우 10백만 톤으로 이를 2배 확장하는 공사가 진행중이다 .

중국 기업은 카자흐스탄 3대 유전에는 지분을 보유하고 있지 않아 카샤간과 카라차가낙 참여도 희망하는 것으로 알려져 있다. 코노코필립스가 카샤간 유전의 일부를 매도하자 중국이 재빨리 이를 사들였다.

중국정부가 카자흐스탄 에너지 시장 진출에 공을 들이는 것은 중앙아시아에 대한 미국과 러시아의 영향력을 견제하기 위한 중국의 정치적 의도도 내포되어 있는 것으로 평가된다.

러시아 기업 중에서는 루크오일사만이 눈에 띄는 활동을 하고 있는데, 카라차가낙(13.5%), 텡기즈(5%) 및 CPC 송유관(12.5%)에 지분을 보유중이다.

그러나 카자흐스탄에서 생산된 대부분의 원유는 러시아를 통해 이루어지고 있다. 아티라우-사마라 송유관은 하루에 32만 배럴, 마하치칼라-티호렌츠크-노보로시스크 송유관은 하루 11만 배럴을 운송하고 있다.

카자흐스탄은 산업화가 충분히 진행되지 않아 대부분의 생산 원유를 해외로 수출한다. 이에 따라 송유관은 카자흐스탄의 생명줄이다.

이러한 송유관은 서북부 아티라우에서 러시아의 사마라로 향하는 송유관, 터키를 통하여 서유럽으로 향하는 CPC 송유관, 그리고 아티라우에서 알라샨코우를 거쳐 중국으로 향하는 송유관 등 3대 송유관 등이다. 아티라우-사마라 송유관은 '70년대 개통되어 러시아 내륙으로 원유를 수송하며 현 수송능력은 하루 30만 배럴인데 50만 배럴로 확장 예정이다.

카자흐스탄은 하루 20만 배럴의 석유를 소비한다. 현재 아티라우, 쉼켄트, 파블로다르 등 3개 지역에 정유공장이 있고 하루 처리능력은 34만 배럴 규모이다. 산업 시설이 크게 증가하지 않는 한 정유공장의 증산은 시급하지 않은 상황이다. 그보다는 석유화학제품을 만드는 시설이 필요한 것이다.

07
카자흐어 로마문자화

소련 시절 카자흐스탄은 소련을 구성하는 15개 공화국 중의 하나였다. 스탈린은 소위 사회주의적 민족주의를 실시하였다. 혈연에 의한 민족은 없애고 사회주의 이념에 의해 모든 민족이 하나 되기를 추구했다.

이러한 정책의 여파로 카자흐인들은 러시아어를 배우고 사용하였다. 지방과 농촌에서는 러시아어를 제대로 교육받지 못한 사람들이 카자흐어를 사용하였다. 도시에서는 카자흐어를 사용하지 않은 것은 아니나 모든 문서와 생활이 러시아어로 이루어 졌기에 카자흐어를 제대로 구사하는 사람의 수가 적었다. 1991년 독립의 결과로 카자흐어의 사용에 대한 국가의 관심과 국민의 열기가 커졌다. 그러나 실제로 카자흐어를 정확하게 구사하는 사람들의 수가 많지 않아 업무에 혼선을 초래했다.

외무성이 보내온 공한은 러시아어본과 카자흐어본이 함께 작성되었다. 그런데 카자흐어본이 정확하지 않아 수정본을 다시 보내오는 경우도 종종 있었다. 어차피 외국인들은 카자흐어를 잘 이해하기 힘들다. 문제는 중요한 정부간 협정의 카자흐어본이다. 협정서명이 이루어진 후에도 카자흐어본은 수시로 수정본이 제기되곤 하였다. 문법적인 오류가 있어서 수정해야 한다는 것이었다.

대학에서는 카자흐어가 필수과정으로 채택되었다. 자신의 언어를 다시 살려내고 장려하는 것은 독립국가의 당연한 정책일 것이다. 그런데 잘 이해가 되지 않는 정책 두 가지가 새로 추진되었다. 하나는 어렵기 그지없는 의학 용어들도 모두 카자흐어로 바꾼다는 것이다. 또 하나는 카자흐어 표기를 러시아어와 같은 씨릴릭에서 로마자로 바꾼다는 것이다. 실용보다는 민족주의 차원에서 시도되는 정책이다. 많은 혼선과 에너지의 낭비를 가져올 수 있는 정책이다.

현대를 살아가는 카자흐인들에게는 카자흐어보다 영어가 더 필요한 상황이다. 그런데 로마자화된 것을 새로 배워야 한다면 이것은 얼마나 큰 부담이 될 것인가?

어떤 언어이든 사람들은 자꾸 편리한 방식으로 언어를 쓰려고 하지 않는가? 우리나라의 경우도 스마트폰의 광범위한 보급이 한글 문법의 파괴 현상을 가져오고 있고 그 끝이 어떨지 염려되는 상황이다. 사람이 특수한 목적이나 재능을 갖지 않는 한 여러 개의 언어를 자유스럽게 구사하기는 극히 힘들 것이다.

경제발전, 산업화 등의 어려운 과제를 안고 있는 카자흐스탄이 이러한 정책을 추구하는 것이 장기적으로 어떤 효과가 있을지 의문이다.

08 선진국으로 가는 길

카자흐스탄은 빠른 시일 내에 선진국이 되고 싶어 한다. 방법론적으로는 우리나라가 거쳐 간 압축성장을 선택했다. 그렇다면 오늘 카자흐스탄은 무엇을 어떻게 해야 할까?

국가 발전 계획 2050은 무엇을 지향하는가?

속도 빠른 혁신적 산업화를 이루되 환경보전이라는 목표도 동시에 추구하고 있다. 세계 30대 주요국가에 진입한다. 매우 야심찬 계획이다. 이런 계획의 실천을 위해서는 무엇이 중요한가?

첫째, 풍부한 매장량을 자랑하는 석유와 광물자원을 수출하여 생긴 국부 펀드를 기본으로 하여 외국인 투자와 기술도입이 산업화의 요체이다.

둘째, 환경파괴와 오염에 대해서는 철저히 대비한다. 소련 시절 겪었던 환경파괴 현상으로는 핵실험이 이루어졌던 세미팔라틴스크 지역의 방사능 오염이 가장 중요하다. 그리고 바이코누르 우주발사 기지에 의한 심각한 기후 변화와 불안전성의 증가, 소련 시절 아프칸 전쟁 등을 치루기 위한 파블로다르, 카라간다, 외스케맨 지역에 설치된 공해산업에 의한 대기, 수질 오염도 중요한 도전이다. 그리고 1990년대 초반부터 누적된 서방 메이저기업들의 유전개발에 따른 육상, 해상오염 등이 해결되어야 할 주요과제이다.

셋째, WTO, OECD, World Bank등 주요 국제기구의 가입이다. 그리고 Kazaid의 창설도 중요하다. 이를 위해서는 산업화와 함께 선진국 수준의 환경, 노동, 인권분야의 향상이 필수적이다.

나는 이드리소프 외교장관으로부터 OECD 가입과 Kazaid 창설에 대한 자문을 요청받았다. 우리나라는 OECD의 29번째 회원국이다. 1996년 OECD 가입을 위한 노동 분야 실무책임을 맡았고, 개발위원회(DAC)의 최초 담당관이었던 경험을 바탕으로 두 문제에 대한 자문을 제공했다.

넷째, 외국인 투자를 가로막고 있는 문제의 해결이다. 카자흐스탄에 외국인 투자가 이루어지는 경우 외국인 1인당 9명의 카자흐인을 고용하도록 하는 조항이 있다. 모든 외국인 투자를 옥죄는 독소조항이었다. 외국인 투자자의 경우 가능한 비용을 줄이기 위해 현지 근로자를 쓰고자 하지만 실제로는 미숙련공들로만 일을 하는 데는 한계에 부딪치곤 했다.

프로젝트를 진행하면서 단계적으로 풀어나가야 할 문제이지만 고용을 늘려야 하는 카자흐스탄 정부로서도 소홀히 할 수 없는 딱한 사정은 있었다. 닭이 먼저냐, 달걀이 먼저냐 하는 문제였다.

외국인 투자자들에 대한 사증문제도 마찬가지였다. 투자를 목적으로 하는 경우 사증발급은 법적으로 보장되어 있었다. 그러나 실제로는 발급기간이 길고 노동허가까지 받다보면 지쳐서 정작 일에 집중하기 힘든 상황이었다.

카자흐스탄 정부는 매일 매일 부딪치게 되는 수많은 경제, 사회적 과제에 대해 좀 더 합리적으로 접근할 필요가 있다. 로컬 컨텐츠의 문제는 카자흐스탄 사회의 상황을 보면 필요한 일일 것이다. 그러나 인위적으로 수적 제한을 하는 것은 국제기구 가입뿐만 아니라 외국인 투자유치에 있어서 결정적인 장애 요인이 될 수 있다는 것을 인식해야 한다. 중국같이 저임금 미숙련 노동자들이 카자흐스탄에 진입하여 영주거주의 목적을 갖는 경우가 골칫거리이다.

그러나 이미 카자흐스탄 내에는 합법적으로든지 비합법적으로든지 많은 수의 중국 노동자들이 거주하고 일하고 있다. 카자흐스탄과 국경을 대하고 있는 우루무치지역의 경우는 아티라우 유전지대에서 일하기 위해 모집된 노동자들 1천여 명이 대기 중이며 매일 아티라우 중국기업으로 전화를 하여 빨리 입국할 수 있도록 조치해달라고 독촉한다고 한다.

그러나 한국이나 영국, 프랑스, 독일 등의 기업의 경우 사정은 전혀 다르다. 본국에서 데려와야 하는 인력의 경우와 카자흐스탄 노동자들을 고용하는 경우의 임금이 하늘과 땅 차이라서 굳이 본국으로부터의 인력 유입을 하려하지 않는다.

카자흐 인력으로 대체할 수 없는 기술 인력은 본국에서 오지만 통상의 노동 인력은 카자흐인들을 선호한다. 장기적으로는 카자흐인들을 훈련 교육시켜서 숙련공 내지는 엔지니어로 양성하여 연속되는 프로젝트에서는 임금부분의 비용을 줄이려 한다. 이러한 점을 감안하면 답은 명확하다. 경직적인 법 규정으로 로컬 콘텐츠를 운영하는 대신 각 프로젝트별로 심의하여 적절한 수준의 로컬 콘텐츠를 유지하면 되는 것이다. 카자흐인들을 더 많이 고용하면 세제 혜택을 주는 방법도 있을 것이다. 여러 가지 정책적 옵션을 섞어서 쓰면 될 것이다.

카자흐스탄의 선진국 꿈을 실현하기에는 약점이 많다.

첫째, 인구가 1700만에 불과하다. 카자흐 정부가 출산 장려정책을 쓰면서 국민들의 평균 연령이 낮아지고 있는 것은 고무적이다. 카자흐 여성들이 20대 초반에 출가하여 출산을 하니 자녀들의 건강상태도 좋다. 그러나 산업입국을 위한 충분한 인구가 되기에는 시간이 필요하다.

둘째, 교육기반이 취약하다.

한해에 3,000여 명의 볼라샥 장학생을 해외에 유학시키지만 아직도 전반적인 교육기반이 취약하다. 특히 90년대 초반 독립을 계기로 러시아인과 독일인들이 대거 유출된 것은 엔지니어의 절대부족이라는 장애물을 만들었다.

카자흐스탄은 전체 인구의 45%에 이르던 러시아인들을 국경선 밖으로 내몰기 위해서 남단에 있던 수도 알마티에서 북쪽 1200km에 위치한 아스타나도 천도하였다. 기술인력을 양성하기 위한 노력도 부족하다. 아스타나에 미국의 MIT를 벤치마킹하여 나자르바예프 대학을 2011년에 개교하였다. 그것이 고작이다. 지방에 가보면 이공계 대학에는 기자재도 우수한 교수진도 없다. 텡기즈쉐브로일을 비롯한 유전지대가 집중되어 있는 아티라우 주의 공과대학도 형편은 마찬가지이다.

셋째, 열심히 일하고자하는 모티베이션이 사회 전반에 걸쳐 취약하다. 우리나라처럼 일의 성과를 위해 밤샘 작업을 하는 것을 상상하기 힘들다. 외국인 투자업체에 근무하면서도 윗사람의 눈길이 미치지 않는 곳에서는 일하지 않는다는 평이 지배적이다. 이것이 사실이라면 절망적인 상황이다. 그러나 실제로는 성실하고 신뢰감을 주는 경우도 많다. 다만 우리나라가 1970년대 사회 전반에 걸쳐 형성되어있던 "잘 살아보세"하는 공감대가 없는 것이 문제이다. 나자르바예프 대통령이 국민들을 대상으로 자주 국정 연설을 하면서 국민들의 의식을 깨우려는 것도 이와 관련이 있다.

넷째, 국가 발전 전략이 확실치 않다.

2030 플랜이나 2050 플랜이 제시되어 있지만 일종의 쇼핑리스트가 아니냐는 평이 많다. 우선 순위를 정하지 못하고 이다. 중추적인 전략도 없다. 국가의 재정을 집중해서 성장시키려는 것이 무엇이냐는 질문 앞에 시원한 답이 없는 상황이다.

아스타나와 알마타를 연결하는 고속철의 건설이 외국인 투자자들이 바라보는 중요한 포인트다. 당장은 경제적 타당성이 약하지만 카자흐스탄 경제의 두 축을 연결하지 않고서는 경제 발전의 결정적인 계기가 마련되기는 어렵다는 평가이다.

다섯째, 외부로의 출구가 막혀 있다.

카자흐스탄은 전형적인 내륙 국가이다. 바다가 없고 바다로 나가는 길은 투르크메니스탄과 이란을 거쳐 인도양으로 나가는 길과 카스피해와 흑해를 통과하여 지중해로 나가는 길 밖에 없다. 이러다 보니 모든 물류 비용이 높을 수밖에 없다. 서북부 지방에서 생산되는 원유는 러시아나 아제르바이잔, 터키를 통해 유럽방향으로 운송된다.

다양한 수송로를 개발하기 위해서는 막대한 비용이 추가로 소요된다. 카자흐스탄이 ADB, World Bank의 재정 지원을 받아서 서중국-서유럽 고속화도로 건설을 신속하게 진행하는 것도 이러한 운송루트 부족과 관련이 깊다. 항공 물류의 한계를 극복하기 위해서는 도로와 철도의 추가 부설이 절대적으로 필요하다.

카자흐스탄의 북부 지방들은 러시아와 접경하고 있어서 물류망이 원활한 편이다. 카자흐스탄에게는 러시아는 과거에는 문물을 받아들이는 창의 역할을 했고 지금은 대외 교역과 투자의 통로로서의 의미가 아주 크다. 남쪽을 향하는 통로는 지역적 불안정성으로 인해 신뢰도가 떨어진다.

여섯째, 주변에 페이스메이커가 없다.

중앙아시아 지역에서 경제적으로나 정치적으로나 세계 주요 국가를 향해서 미래 지향적으로 발전해 나가는 국가를 찾아보기 힘들다. 1990년대 초반 맹렬한 기세로 떠오르는 개발도상국으로 주목 받았던 우즈베키스탄은 남부로부터의 테러위협과 체제의 불안정성으로 인해 급격히 권위주의 체제로 회귀하였다. 2005년 안디잔 폭동사건은 우즈베키스탄의 대외 개방성에 결정적인 철퇴를 가했다. 키르기스탄은 정치 불안과 왜소한 경제력으로, 타지키스탄은 오랜 내전으로 인한 산업기반 붕괴로 취약하다. 게다가 투르크메니스탄은 북한을 모방한 권위주의 체제로 좀처럼 개방적인 시장경제로 나오지 못하고 있다. 이러한 주위 환경은 카자흐스탄이 줄기차게 경제 발전을 해나가는데 한계를 설정하고 있다.

이러한 문제점들이 있기는 하지만 대체적인 방향은 긍정적이다. 신흥 독립국으로서 매우 개방적이고 적극적인 자세로 사회를 발전시켜나가려는 의지가 분명하기 때문이다.

09
대학의 맥박소리

아스타나에는 나자르바예프 대학과 인문 법률대학이 있다. 소련 시절부터 있었던 각 주와 도시의 국립대학과는 다른 차원에서 설치된 신설 대학들이다. 나자르바예프 대학은 2011년부터 신입생을 받은 이공계중심의 대학이며 미국의 MIT를 벤치마킹하였다고 한다.

인문 법률대학은 1994년 알마티에 설치되었다가 1997년 아스타나로의 천도에 따라 2000년 아스타나의 신도시 지역으로 옮겨온 대학이다. 법대와 국제관계학부가 중심인 대학이다.

1991년 카자흐스탄의 독립은 새로운 대학의 탄생을 예고했다. 소련의 제도와 법령 학제에 의해서 설치된 대학들이 급변하는 체제에 우수한 인재를 육성하여 공급하는 데는 한계가 있다는 판단이었다.

카자흐스탄은 시장경제를 이끌어갈 인재 양성을 위해 1994년부터 볼라샤이라는 국비장학생 제도를 통해 지금까지 1만 3천 여 명에 이르는 학생들을 해외유학 시켜왔다. 최근에 들어서는 학부는 국내에 설치된 양질의 대학에서 공부시키고 석사·박사과정은 볼라샤에 의해 해외 유학시키는 정책으로 전환하고 있다.

나는 2013년 11월에 이 대학들에서 한국의 경제발전 역사와 한·카 관계 현황에 대한 특강을 하였다. 문화원에서 부속 행사로 붓글씨 쓰기와 한국화장술 시범을 보이는 코너를 마련했다. 나는 학생들에게 붓글씨를 써주었다. 어떤 학생은 남자친구와의 사랑이 이루어지길 바라고, 시골에 사시는 어머니의 심장병이 낫기를 바라고, 엔지니어로 성공하게 해달라는 꿈도 말한다. 카자흐스탄과 한국이 더 가까운 친구가 되길 바라는 소원도 있었다. 서서 한 시간 가량 학생들과 대화하고 사진 찍고 붓글씨를 쓰고 나니 다리가 저려왔지만 흐뭇했다.

나는 이 특강의 기회에 카자흐스탄 젊은 대학생들의 생생한 목소리를 듣고 싶었다. 동영상 10분, 특강 20분을 마치고 질의응답을 가졌다.

밝고 맑은 그들의 질문에 섞여있는 도전 정신과 야망, 국가 발전에 대한 기대감, 한국과의 문화적·역사적 연대성에 대한 질문을 나에게 많은 에너지를 주었다.

금방이라도 튀어나갈 것 같은 에너지로 충만한 젊은이들과의 대화는 지평선 저 멀리까지 울려 퍼질 것 같은 느낌을 주었다. 카자흐스탄의 밝은 미래를 보는 것 같았다.

2014년 11월 유라시아 대학에서 '유라시아 이니셔티브와 한반도 정세'라는 주제로 특강을 했다.

이 날의 특강은 여러 가지 면에서 의미가 있었다. 카자흐스탄이 1995년 핵무기를 포기하고 경제 발전의 길로 나섰던 것과 북한이 1992년 핵개발계획으로 동북아 안보질서의 불안요소로 등장하면서 국제사회로부터 고립되고 경제적인 어려움이 악화되어온 현상을 비교해 볼 기회였다.

학생들과 교수들은 남한이 역사상 유례를 찾아 볼 수 없을 정도로 빠른 시간에 경제성장을 이룬데 경이감을 표했다. 북한이 옳지 않은 선택으로 현재의 경제적 난관에 처해있지만 그래도 도와줄 수 있는 남한의 존재가 커다란 행운이다. 북한이 남한의 경제적 도움을 받아서 정상적인 국가가 되고 평화적으로 통일을 이루어야 다가오는 유라시아 시대에서도 중요한 국가가 될 것 아닌가 하는 안타까움을 표하였다.

카자흐스탄은 핵무기를 없애고 외국과의 개방된 경제협력을 길을 걸었다. 러시아와의 전통적인 경제협력 관계도 발전시켜 왔고 함께 유라시아 경제 공동체의 회원국이기도한데 러시아와 우크라이나 분쟁으로 뜻하지 않은 피해를 입고 있다. 우크라이나 사태가 조기에 안정화되고 유라시아 경제공동체가 정상적으로 작용하여 카자흐스탄이 유라시아 대륙의 중심국가로 부상하기를 바라는 희망도 표하였다.

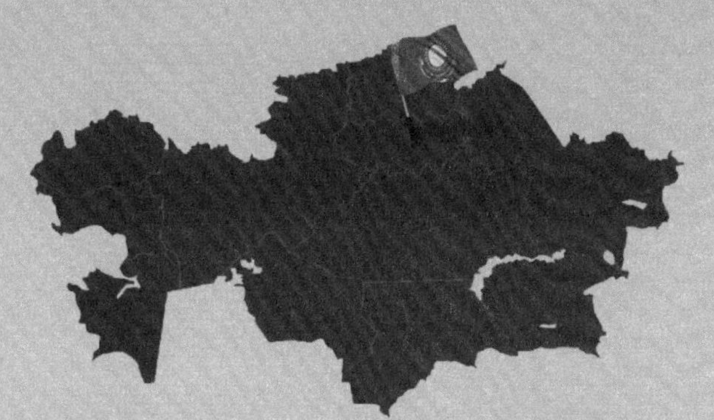

제3부
도전과 응전

01
차이나 콤플렉스

카자흐스탄이 해답을 구하지 못하는 문제가 있다. 중국이다. 중국의 서북쪽에 위치한 카자흐스탄은 중국 영토의 1/3 정도의 크기이다. 그러나 인구는 비교가 되지 않을 만큼 작다. 중국이 최소 13억인데 카자흐스탄은 1,700만에 불과하다. 남쪽에 위치한 인도도 인구 12억이다. 문제는 카자흐스탄이 중국과 1,500km에 걸쳐 국경을 맞대고 있다는 사실이다.

중국은 카자흐스탄의 주요 교역상대국이다. 중요한 경제협력 파트너임에 틀림없다. 카자흐스탄의 우려는 어느 날 중국이 카자흐스탄의 경제에 깊숙이 침투해 들어와서 주도권을 쥐게 되는 상황이다. 사증이라는 장벽으로 중국인들의 불법체류를 막아보려 하지만 분명한 한계가 있다. 긴 국경선을 지켜내기 어려운 것이다. 중국은 러시아의 극동 지역과 함께 카자흐스탄으로 끊임없이 유입해 들어올 것이다. 카자흐스탄의 유전과 안정적인 경제가 유지되는 한 이러한 파도는 멈출 것 같지 않다.

카자흐스탄은 2008년 글로벌 경제위기를 효과적으로 활용하여 카자흐스탄의 유전을 장악했다. 현재 카자흐스탄에서 생산되는 원유의 28%는 중국 회사들에 의한 것이다. 외환 보유고가 바닥나서 재정 붕괴 상황에 처하면서 카자흐스탄은 긴급 자금 지원을 해 줄 파트너 국가를 찾았고 중국은 기다렸다는 듯이 100억 달러를 들고 나타났다. 영국을 비롯한 유럽 국가들이 카자흐스탄에 과잉 대출했던 자금을 회수해서 매정하게 떠나는 뒤에 중국인들이 너그러운 마음으로 나타난 것이다. 중국은 고맙다는 소리 들으면서 카자흐스탄에 무혈입성했다.

중국은 서중국 서유럽고속화도로 건설에서도 맹위를 떨치고 있다. 우리 회사보다 떨어지는 기술력으로 부실공사를 하는 경우도 많다. 그러나 중국에서 데려올 수 있는 무한대의 저렴한 노동력으로 저가 덤핑 수주에 연속적으로 성공하고 있다. 이제는 터키 회사들을 다 몰아낼 기세다.

겨울이 오면 아스타나를 비롯한 북쪽의 도시에는 하염없이 눈이 온다. 매일 눈을 치우지 않는다면 도시 기능은 마비될 것이다. 기온이 급강하 하고 눈이 많이 오면 기상당국은 뚝뚝 떨어져있는 도시를 연결하는 도로를 폐쇄한다. 아스타나 시내의 눈을 치우는 제설장비는 대부분 중국제품이다. 한국제품 가격의 50% 수준인 중국차량과 경쟁하기 어렵다.

전통시장과 슈퍼마켓 그리고 고급 백화점에 중국제품이 넘쳐난다. 품질이 떨어져서 소득수준이 높은 소비자들은 선뜻 사지 않는다. 그러나 어렵게 살림을 이어가는 서민들에게 중국제품은 필수불가결한 제품들이다.

끝없는 스텝의 농지에서 움직이는 농기구들도 대부분 중국이나 벨라루스 제품들이다. 미국이나 카나다, 독일 등의 제품이 우수하면 무슨 소용인가? 농민들은 돈이 없다. 장기적으로 이익인 것을 누군들 모르겠는가? 파블로다르에는 중국인이 집단적으로 거주하면서 시설 영농을 하고 있다. 화학제품을 쓰기에 몸에 유해할 수도 있다. 그러나 야채를 찾아보기 힘든 영하 30-40도의 혹한 속에서 카자흐스탄 소비자들은 중국 야채를 살 수밖에 없다.

카자흐스탄이 중국에 대해 갖고 있는 두려움은 구체적인 것이다. 처음에는 시장에서 그 다음은 은행에서 그 다음은 정치권까지 중국인들이 진출해 들어올 것을 염려하고 있는 것이다.

이를 극복하는 방법이 있는가? 카자흐스탄 정부는 외국인 투자의 다각화를 추진한다. 특정 국가에 지나치게 의존하는 것을 피하려는 전략이다.

중국대사는 리셉션에 가면 나에게 접근한다. 그는 내가 러시아에 참사관으로 근무할 때 공사로 근무했다고 한다. 이러한 인연으로 자연스레 가까워졌다.

그는 공식석상에 잘 나오는 편이 아니다. 영어가 잘 안되기에 통역을 데리고 다녀야 하는 불편함도 작용하는 것 같다. 그는 러시아 전문가이다. 사회주의 국가들이 너무 전문가 양성에 집착하여 만들어놓은 현상중의 하나이다. 냉전시대에 영어의 필요성을 느끼기가 쉽지는 않았을 것이다. 그래도 외교관들이 필수적으로 영어를 구사해야 하는 거 아닌가? 아무튼 그는 나하고의 소통이 편한 모양이다.

그는 한국이 추진하는 프로젝트와 기업인 복수사증 협정에 관심이 많다. 때로는 이러한 관심이 나에게는 불편하다. 경쟁관계이기도 하고 우리 사례를 활용할 것이 뻔히 보이기 때문이다.

그래도 중요한 우리 파트너이니 잘 지내야할 것 아닌가? 카자흐스탄 정부는 한국기업인에 대해 복수사증을 제공하려는 의도를 갖고 있었다. 양국 간에 진행되는 프로젝트의 성공을 위해서는 이러한 조치가 필요하다는 것을 잘 알고 있었다. 그러나 중국 때문에 망설이게 되었다.

이드리소프 외무장관도 나에게 이러한 우려를 솔직히 털어놓았다. 그러나 안전장치가 있기에 그것을 지키면 될 일이다. 카자흐 노동부는 외국인 진출기업이 고용하는 인력 중에서 카자흐인들이 차지하는 비율을 정해 놓고 있다. 하위직의 경우에는 카자흐 노동자의 비율이 최소 90%를 차지해야 한다는 규정이다. 중국인들은 어떻게든 이러한 규제를 회피하여 더 많은 중국인들을 카자흐 시장에 유입시킨 후 영주하려는 전략을 갖고 있는 듯하다.

아마도 앞으로 10년, 20년이 지난 후에는 전 세계 대부분의 국가에 중국인들이 없는 곳이 없을 것이다. 특히 중국이 전략적으로 진출하는 국가에는 그 비율이 상당히 높아질 것이다.

중국은 카자흐스탄과 어깨를 마주대고 사는 나라이다. 그러면서 아주 대조적인 국가이기도 하다. 중국은 인구가 넘쳐 외부로의 분출이 필요한 나라이고 카자흐는 광대한 영토에 인구가 너무 적어 출산을 장려하는 국가이다. 얼핏 생각하면 카자흐스탄이 과감하게 중국의 노동력을 받아들이면 누이 좋고 매부 좋을 일 같다. 그런데 카자흐스탄의 중국에 대한 경계심은 상상외로 크다.

중국인들은 카자흐인들의 일자리를 빼앗아간다. 중국인들은 공장을 지어도 그 안에서 쓰는 물건, 식품가지 모두 중국에서 가져온다. 중국인들은 카자흐인들과 소통하지 않는다.

이러한 카자흐인들의 중국에 대한 평가는 우리 기업에도 시사하는 바가 크다. 자원위주의 투자와 개발은 항상 지역주민들의 원성과 불만을 야기하여 왔다. 외국인 기업뿐만 아니라 중앙정부와 지방정부와 지역주민간의 갈등도 끊임없이 계속되고 있다. 외국인 기업가들의 입장에서 보면 외국인의 등골을 빼려는 토착세력의 작당이라고 치부할 수도 있지만 그들은 개발이익이 자신들에게 정당하게 배분되지 않는 것에 대한 당연한 주장이라고 볼 수도 있다.

중국의 카자흐스탄 진출은 1990년 말과 2008년 글로벌 경제위기가 결정적인 계기가 되었다. 독립 후부터 나자르바예프 대통령과 중국의 장쩌민 주석 간의 긴밀한 관계를 바탕으로 한 협력확대는 있었다. 그러나 두 번의 경제위기는 카자흐스탄에게 외국투자 유치를 절실한 과제로 만들었다.

특히 2008년 경제위기시에 중국은 카자흐스탄에 100억 달러의 차관을 제공, 카자흐스탄이 위기로부터 벗어나게 도와주었다. 2009년 카자흐스탄 서부의 아티라우 유전지대에서 중국의 서부 알라샨코우까지의 송유관이 개통되었다. 중국은 가까운 원유공급지를 확보하는데 성공하였다.

이와 함께 중국은 서 중국-서유럽 고속도로 건설 사업에도 적극 진출하였다. 유럽과 중국을 연결하는 핵심적인 사업이다. 이 과정에서 카자흐스탄에 부족한 기술 인력과 숙련 노동자들이 카자흐스탄에 본격 진출하게 되었다. 중국은 카자흐스탄에 진입한 외국인 노동자 3만 명의 23%를 차지하기에 이르렀다.

이러한 현상으로 인해 외국인 노동자의 유입을 최대한 억제하려는 카자흐스탄의 노동정책의 중심에 항상 중국이 존재하고 있다.

02
한국에 가야 병을 고친다

1991년 카자흐스탄의 독립 후 우리 의학계는 카자흐스탄이나 우즈베키스탄에 광범위하게 거주하고 있는 고려인들에 대한 의료봉사에 나섰다. 조국의 손길이 닿지 않는 곳에 70여년 이상을 살아온 그들에 대한 인도주의적인 차원의 접근이었다. 그러나 한국의 이러한 조치는 곧 카자흐스탄 국민들의 호응과 만났다. 의료체계가 붕괴된 소련 말기의 상황에서 한국인 의사의 출현은 신기루 같은 소식이었다.

이제 한국과 카자흐스탄간의 의료협력은 본격적인 궤도에 진입하고 있다. 2012년 알마티 제7병원 심장이식센터에서 행해진 고려대 박관태 교수의 신장, 췌장 등 2개의 장기 동시 이식수술 성공은 현지의 커다란 반향을 불러 일으켰다. 박 교수는 고려대 의대 이식혈관외과 과장인데 팀을 구성하여 카자흐스탄에서 이미 10여 차례 신장이식 수술에 성공하였다.

서울대의 서정선 교수팀은 2-3년 전부터 나자르바예프 대학 등 아스타나 지역 의료기관과의 협조 하에 카자흐인의 게놈 연구를 진행해 왔다. 수천 년의 역사·인간사가 그대로 남아있다는 인간의 DNA 연구는 이제 카자흐인들을 치료하고 병을 예방하는 기초적인 자료로서 빛을 볼 날이 곧 올 것이다. 카자흐인들에 대한 연구는 우선 그들이 의학적으로 한국인에 아주 가깝다는 것이다.

그러한 유사성이 언제 형성되었고 어느 시기에 갈라져서 다른 지역과 다른 환경에서 살게 되었는지는 역사적 고증을 기다리고 있다. 다만 분명한 것은 카자흐인들은 오랫동안 유목민 생활을 했기 때문에 문자로 기록된 상세한 자료가 발굴되기는 어려울 것이라는 것이다. 카자흐스탄 전역에서 고대의 유물들이 발견되고 있지만 역사를 입증하기에는 아주 미약한 형편이다. 그러나 동카자흐스탄이나 아티라우, 코스타나이 지역을 방문해보면 대학이나 박물관에 유물들이나 자료들이 생각보다 잘 정리되어 있음을 알 수 있다.

아스타나의 제1병원장을 하고 있는 알렉세이 최는 이스라엘이 의료관광 유치에 실패한 사례를 이야기한다. 서유럽 국가보다 30% 싼 값에 치료를 받을 수 있다고 적극 홍보를 하였다고 한다. 그러나 실제로 이스라엘을 방문해보니 여러 단계의 브로커들이 개입하여 중간 비용이 적지 않게 들었고 의료기관은 지방에 있는 영세 시설이 대부분이었다고 한다. 한마디로 카자흐스탄 환자들을 후진국 환자로 얕잡아본 것이었다. 이러한 평판은 순식간에 환자들 사이에 퍼져 사실상 사업이 중단되어 버렸다.

우리 의료기관들이나 의료관광 주선 업체들이 유의해야 할 대목이다. 의료관광은 사람의 생명에 관계되는 일이다. 영리추구의 개념이 없을 수 는 없겠지만 한번 신용을 잃으면 쉽게 붕괴될 수 있는 사업이다.

의료관광으로 한국을 찾는 카자흐인들은 매년 급증세이다. 이와 동시에 한국인 의사들을 카자흐 병원에 초청하여 상근할 수 있도록 하는 사업도 추진되고 있다. 더 많은 환자들이 카자흐스탄 국내에서 한국 의료진의 치료를 받고 한국까지 가서 중요한 치료를 받을 수 있도록 연계하는 시스템을 구축하려고 하는 것이다.

카자흐스탄의 의사들이 한국의 주요 병원에 가서 6개월 이상 실습을 하는 제도도 확산 추세에 있다. 이러한 과정들은 종국적으로 카자흐스탄의 의료수준을 향상시키는데 기여할 것이다.

나를 비롯한 대사관 직원들은 카자흐 정부부처 관리들의 전화를 자주 받는다. 자신이나 친척이 급히 서울에 가서 수술을 받아야 하는 경우도 있고 메디컬 체크업과 관광을 위해서도 가는 경우가 늘어나고 있다.

카자흐인들 사이에서 한국으로 의료관광을 가는 것이 크게 유행하고 있다. 한국의 주요 병원에는 카자흐인들을 위한 전문 가이드들이 있고 소개 업체들도 우후죽순 생기고 있다. 중간 마진이 지나치게 높다는 주장과 초행자에게 길 안내부터 통역, 관광 등 토탈서비스를 제공하기 위한 비용이 적절한 수준이라는 주장이 맞서있다.

한국으로의 의료관광은 유럽보다 저렴한데 비해 한국 의료서비스에 대한 신뢰성이 높아서 좀처럼 그 기세가 꺾이지 않을 전망이다. 이와 함께 한국에 가서 의학연수를 하는 방안과 한국병원의 기술을 도입하는 방안들도 활발하게 진행중이다. 양국 국민들 간의 DNA 구성이 95%가 일치한다는 학설도 있다 보니 카자흐인들은 한국으로 가서 병을 고칠 수 있다는 확신을 점점 키워가고 있는 모양이다.

우리나라의 빠르고 정감 있는 서비스에 카자흐인들이 매료되어 간다. 소련 시절의 의료서비스는 모든 국민이 값싼 혜택을 받은 것은 분명하지만 중환자들에 대한 치료 수준은 매우 낮았다고 한다. 장기 이식 수술이나 암 치료의 경우는 아직도 카자흐스탄에서의 완치가 어려운 상황이다.

카자흐인들은 건강을 해치는 두 개의 치명적인 요소를 갖고 있다. 하나는 혹독한 추위와 스텝의 기후이다. 또 다른 하나는 오랜 유목민 생활에서 연유되는 육식 위주의 식생활이다. 게다가 라마단 기간 동안 밤에 폭식하는 습관으로 인해 대부분의 카자흐인들이 위장병에 시달린다고 한다.

오늘날 건강관리는 병의 치료보다는 섭생을 위주로 한 병의 예방에 그 주안점이 있는 점을 고려할 때 카자흐인들은 하루 빨리 식생활부터 바꾸어야 할 것 같다. 아무리 현대의학이 발달된들 오랜 세월동안 악화된 신체의 기능을 온전하게 회복시키는 것은 불가능하기 때문이다.

카자흐인들이 급히 서울에 신병치료차 가는 경우에는 부모나 자식들이 보호자로 동행한다. 비용이 발생하더라도 가족의 돌보는 손길이 필요하다고 생각한다. 또한 치료를 마친 후에는 관광이나 쇼핑을 충분히 즐기고 돌아오겠다는 생각도 있는 것 같다.

03 친구들과 사업하는 나라

카자흐스탄 사람들은 친구들을 만나면 볼을 비비고 팔로 끌어안으면서 인사한다. 매우 정겨운 장면이다. 카자흐인들은 외부인들에 대해서도 비교적 살갑게 대한다. 첫 만남에서 싸늘한 시선을 느끼는 경우는 드물다. 더구나 한국인들은 외모에서 카자흐인들과 많이 닮아서 유리한 측면이 있다.

카자흐인들은 사업상 파트너십을 맺을 때 믿을 수 있는 사람인지를 꼼꼼히 챙겨보는 습관이 있다. 너무 단기적인 이익을 추구하거나 파트너를 이용하려는 의사가 뻔히 보였다면 일단 관계 구축에 실패한 것으로 보아야 한다. 하찮은 선물을 주면서 생색을 낸다거나 카자흐스탄을 깔보는 행위는 금물이다.

카자흐인들은 자신의 조상이나 자신에 대한 자부심도 강하다. 시간이 가면 카자흐스탄이 중앙아시아에서 뿐만 아니라 유라시아 지역에서 중심국가가 될 수 있다는 생각이 강하다. 이러한 배경에서 그들은 단기적인 이익에 안달하지 않는다. 상당히 여유가 있으면서 대범하게 보인다.

카자흐인들은 곧잘 자기 친척이나 가까운 사람들의 취직 부탁을 한다. 이때 단칼에 자르는 것은 금물이다. 친구로서 생각해보는 자세를 보이는 것이 중요하다.

쉼켄트나 타라즈 같은 지역 출신들은 동향 사람들에 대한 애착이 매우 강하다. 공항이나 쇼핑센터에서 마주치는 동향인들과 덕담을 나누고 안부를 묻는 모습이 정겹다. 곧잘 자기 고장에서는 이러 이러한 습관이 있고 사업방식은 어떻고 관혼상제는 어떻게 치른다는 것을 설명하곤 한다. 고향에 대한 애착과 자긍심이 생활의 여러 단면에서 나타난다.

남부 지방에서 공사를 하면서 지역 사업가나 주민들과 돈독한 인적 네트워크를 쌓은 기업이 이를 활용하여 수도 아스타나의 엑스포 수주에 함께 참여하여 도움을 받는 사례는 눈여겨 볼 대목이다. 사업상 파트너가 끈끈한 동료가 되고 사업의 성공을 위해서 서로 돕는다.

아스타나나 알마티의 골프코스는 좋은 사교장소이다. 라운딩을 같이하면서 어울리는 시간은 결코 시간의 낭비가 아니다. 때로는 골프 코스에서 카트를 타고 먼저 플레이를 하려는 카자흐 각료들이나 사업가들에게 선선하게 양보해주는 것도 좋은 제스처가 될 수 있다. 양보를 받은 카자흐인들은 꼭 고맙다는 인사를 한 후에 앞으로 나아간다. 때로는 양보를 강요당한다는 느낌에 기분이 상할 수도 있으나 부질없는 일이다. 어차피 카트를 타고 움직이는 사람들보다 더 빨리 플레이를 할 수는 없는 일이다.

아티라우의 엘지석유화학단지 조성공사의 일부 공사를 맡고 있는 예르맥은 시내중심 르네상스 호텔 바로 옆에 작은 호텔과 식당을 운영한다. 오피스빌딩을 소유하고 있는데 그 곳에 자신의 사무소와 한국 파트너인 일진건설의 사무소도 함께 있다. 파트너사에 대한 렌트비는 할인해준다.

새로 건축하는 오피스 빌딩에는 앞으로 5년 이상 함께 일할 GS건설 등 한국 파트너들을 맞이하고 싶어 한다. 렌트비를 안정적으로 챙길 수 있다는 장점도 있지만 함께 호흡하면서 동료로서 지내고 싶다는 생각이 더 강하다. 깔끔하게 넥타이 정장하고 만나서 날이 바짝 선 상태에서의 협상과는 좀 차이가 있는 분위기이다.

04
한국 유학을 가는 이유

많은 카자흐 학생들은 한국 유학을 꿈꾼다. 볼라샥(Bolashak: 미래)이라는 카자흐스탄 국비 유학생 제도는 미국이나 영국 등의 선진국에 집중되어 있었다. 그런데 어느 날 이들은 한국유학이 매우 흥미 있다는 사실을 발견한다. 손이 닿을 수 없는 꿈의 나라 미국이나 영국에서 배우는 것은 조금은 남의 나라 일처럼 느껴지기 때문이라고 한다. 한국은 어느 선진국 못지않게 학문이나 과학기술이 발전되어 있지만 그러한 성취가 비교적 가까운 과거에 이루어졌기 때문에 따라 배우기가 쉬운 나라로 생각하는 것 같다.

카자흐 정부는 최근에서야 볼라샥 장학생을 한국에 파견하기 시작하였다. 정부 관계자들은 이왕 유학 보내는 것이니 최선진국으로 보낸다는 목표를 설정하였던 것이다.

카자흐스탄 어디에서나 만나는 한국산 스마트폰과 자동차, 화장품, 보일러, 한류가 그들의 마음을 끓어 당긴다. 자연스럽게 발길이 한국교육원이나 문화원으로 끌린다. 한국어 교육을 받으면서 이들은 한국 유학의 꿈을 키워간다.

우리 정부의 국제 장학 프로그램(GKS: Global Korea Scholorship)으로 초청되어 KDI나 서울대, 연세대, 고려대 등 등 유수대학에 진학하는 것이 제일 인기가 있다. 그러나 이 시험에 합격하는 것은 경쟁이 치열하다. 대사관에 비서직이나 현지인 행정직 자리가 공석이 되면 지원자들이 쇄도한다. 100대1의 경쟁률을 보이기도 한다. 왜 이렇게 많은 학생들이 지원하나 보니 대우가 중상 수준은 된다. 한류로 인한 한국에 대한 관심도 크다. 그에 더해 GKS에 지원하기 전 대사관 근무를 통해 한국의 문화, 정치, 경제, 사회에 대한 이해를 넓히려는 의도가 있다. 대사관 근무하였다고 특전을 주는 것은 아니지만 경험의 축적이 커다란 힘이 되는 모양이다.

문화원에서 주관하는 Quiz on Korea에 참석해 보면 학생들 간의 경쟁이 치열하다. 한국인 직원들도 중간정도 들어가면 문제를 틀릴 수밖에 없는데 최종 우승자를 뽑기까지는 50문항을 넘어가는 경우가 많다. 처음에는 잘 맞추는 것이 신기하고 대단하게 느껴진다. 최종단계에 가면 경건하기까지 하다. 내가 러시아어로 된 퀴즈를 풀면 과연 몇 문제나 맞출 수 있을까 생각하니 창피하기까지 하다.

한국어 검정을 보는 날은 커다란 축제처럼 느껴진다. 너무 많은 학생들이 지원하다보니 고사장을 확보하는 것이 보통 어렵지 않다. 19살 나이에 TOPIK 6급(최고등급)을 받은 아크지라(Akzira Abuova)라는 학생이 있다. 크즐오르다 출신인데 한국인 선생님에게 6개월 한글을 배운 후에는 주로 한국 드라마를 보면서 한국어를 읽혔다고 한다. 고등학교를 졸업한 후 연세대학에서 유학중이다. 나하고 페친이라 간혹 안부를 묻는데 문법이나 철자나 틀리는 법이 없다. 나는 답글을 쓸 때 내가 틀릴까봐 여러 번 교정을 본다. 박사까지 한국에서 마친 후에 한국과 카자흐스탄의 역사와 문화를 연구하는 학자가 되는 것이 꿈이라고 한다.

GKS 시험은 아주 좁은 문이기에 대부분의 유학생들은 우선 한국에 가서 한국어를 배우면서 한국 생활을 즐기고 싶어 한다.

졸업 후에 반드시 한국에서 취업을 해야 하는 것은 아니기에 그들은 여유 있는 생활을 즐긴다. 물론 한국어를 배우는 일이 쉽고 즐거운 것만은 아니다. 그러나 한국어, 한복, 한식, 한류드라마, 케이팝이 주는 즐거움이 너무 크기에 한 두 해 한국에서의 생활은 즐겁기 그지없다. 유학을 마치고 돌아오면 그 동안 카자흐스탄에 진출하는 한국기업이 늘어나고 있기에 비교적 취업도 잘 되고 있다. 우리 학생들이 겪는 고통과는 많은 차이가 있다.

그들은 우수 대학만 찾는 것이 아니다. 외국 유학생을 위한 프로그램이 잘 갖추어진 우송대학의 경우는 150명이 넘는 카자흐 학생들이 재학 중이라고 한다. 석·박사까지는 아니지만 몇 년 동안 한국어를 배우고 한국을 이해하기 좋은 프로그램을 선호한다고 한다.

1980년대까지만 해도 우리나라 학생들이 미국이나 영국에 유학하고 영어 좀 되면 여기저기 취업이 잘 되던 상황과 유사할 것이다. 해외에 나가서 공부하는 사이에 조국은 눈부신 경제성장을 하고 있었다는 즐거움이 그들에게 있는 것이다.

05
다쿠멘트, 삐스모!

카자흐스탄을 이해하는데 다쿠멘트(문서)와 삐스모(서한) 이라는 단어만큼 유용한 것도 없을 것이다. 이 두 단어는 소련 시절과 그 이후 러시아나, 카자흐스탄 등의 국가에서 사업을 하거나 공무를 처리할 때 가장 중요한 수단이다. 논의한 사항이나 합의한 사항, 그리고 알려야 할 사항을 서한으로 정리하여 상대방에게 보내놓는 것은 만사불여튼튼의 유용한 수단이다.

내가 파블로다르를 방문하여 주지사와 합의하여 우리 기업들을 위한 사업설명회를 마련하길 합의했다. 그러나 실무진들로서는 귀찮고 번거로운 일이었을 것이다. 더구나 휴가철이라 더욱 그랬을 것이다. 설명회가 잘 열릴지 모르겠다는 우리 기업의 이야기를 듣자마자 주지사 앞 서한을 발송했다. "주지사님과 합의한 바에 따라 기업 설명회가 열리게 된 것을 기쁘게 생각합니다. 우리 기업과 카자흐스탄 기업 간에 협력이 강화되는 기회가 되기를 기대합니다." 별것 아닌 것 같은 이 서한의 위력은 기대 이상이었다. 기업 설명회는 20여 개 업체 40여 명이 참석한 가운데 성황리에 열렸다.

악토베 지역의 석유공사 사무실이 노동허가, 사증 문제 등으로 곤란을 겪고 있다는 보고가 들려왔다. 악토베를 방문하여 주지사를 면담하였다. 면담 장소에는 지방 언론이 배석하고 있었다. 그 자리에서 주지사를 곤란하게 하는 발언을 할 수는 없었다. 그러나 주지사 얼굴에서는 긴장감이 느껴졌다.

나는 면담 발언을 통해 "주지사님의 배려와 공무원들의 성실한 행정업무 처리로 양국 기업 간의 협력이 잘 이루어진데 감사합니다. 앞으로도 우리 기업이 지역경제에 기여하고 고용창출에도 기여할 수 있도록 각별한 배려를 당부 드립니다…" 면담을 끝내면서 나는 주지사의 손에 대사관 공한을 쥐어주었다. 실제로 내가 하고 싶은 말은 서한에 상세히 담겨져 있었다. 나의 방문 이후 석유공사 사무실은 정상 운영되기 시작했다. 석유공사 직원들은 내가 주지사 멱살이라도 잡을까봐 걱정이었다. 절대 금물이다. 카자흐스탄만 그렇겠는가. 우리도 마찬가지이다. 그러나 해야 할 말이나 요구사항을 허술하게 처리해서는 안 될 것이다.

카자흐스탄에 진출한 우리 기업들은 계약서에 포함된 내용을 허술하게 검토하고 서명하여 낭패를 보는 경우가 간혹 있다. 러시아어의 동사는 매우 과학적이고 분명하여 법정에 갔을 때도 문서의 내용이 2개 의상의 의미로 해석이 되는 경우가 없다고 한다. 계약서 내용을 꼼꼼히 따져보면 충분히 안전하다는 뜻이다.

나는 1990년 주모스크바 영사처 근무 시절부터 이 점에 유의하였다. 계약서뿐만 아니라 일이 잘못되어 시정을 요구할 경우도 반드시 문서로 하여야 한다. 소련 사회의 커다란 장점이자 약점은 문서이다. 문서를 발송하면 반드시 담당자가 정해지게 되어 있다. 책임자가 정해진다는 뜻이다. 이유 없이 답을 하지 않거나 불성실하게 처리하기 힘들다는 뜻이다. 우리 국민이 경찰에 체포되어 영사로서 접견권을 사용할 때에도 문서로 요청하고 문서로 확인해 두는 것이 좋다. 무의미한 언쟁은 시간 낭비이다.

06 투자 장해요인

외국인들은 발전하는 국가 카자흐스탄에 대한 투자를 왜 주저할까?

첫째로는 카자흐스탄 시장이 너무 작다는데 있다.

카자흐스탄은 인구가 1,700만 명에 불과하다. 오랄만 정책을 통해 인근 국가에 거주하던 카자흐 혈통 국민들은 받아들이는 정책을 추진했지만 결과는 긍정적이지 않다. 2011년 말 서부 자나오젠 사건처럼 오히려 국내정세 불안요인으로 작용한 바 있다.

전국적인 출산 장려정책이 추진되고 있다. 아이를 많이 출산한 산모에게 표창도 한다. 그러나 인구를 단기간에 늘이는 데는 한계가 있다. 카자흐 정부는 앞으로 5년 후 150만 명이 증가할 것으로 기대하고 있다. 긍정적인 측면도 있다. 기대수명은 아직도 낮은데 비해 젊은 층이 늘어나고 있는 것이다. 전 국민의 평균 연령이 37세이다. 젊은 노동인력이 튼실해지는 효과가 있다. 양질의 교육과 의료서비스를 추진하고 있어 앞으로 10년이 지나면 아주 견실한 인구분포 형태를 가질 것으로 예상된다. 그러나 당장에는 제조업을 하기에는 부적절한 작은 경제구조이다.

둘째, 제조업과 서비스 산업이 일천하여 산업 기반이 취약하다는데 있다.

카자흐정부부처나 지방정부를 방문해보면 하나같이 유망한 투자대상 사업이라고 소개하면서 투자해 달라고 외친다. 그러나 연관 인프라 구축의 필요성에 대한 이해도가 낮은 편이다. 스텝에 외딴 오아시스처럼 산업이 발달될 수는 없다는 것을 빨리 이해해야 할 것이다.

셋째, 카자흐 정부가 제공하는 유리한 조건들이 언제 회수될지 모른다.

터키가 카자흐스탄 독립 후 맹렬한 기세로 건설업종에 진출하다 머뭇거리는 이유이다. 초기에 터키 기업들은 자본력이 약한 중소기업 위주로 진출하였다. 어려운 경제 사정으로 카자흐정부는 여러 가지 혜택을 부여했고 터키 기업들은 그 혜택을 단맛을 만끽했다. 카자흐 국내의 건설업체들의 경쟁력이 워낙 취약했던 상황에서 이루어진 붐이었다고 볼 수 있다.

넷째, 투자 후 몇 년 후에 면제되었던 세금이 다시 부과 될 수 있다. 이러한 카자흐스탄 정부의 조치는 경제가 극단적으로 어려웠던 시기에 외국인 투자유치를 위해 주어졌던 특혜가 과도하여 국가 이익이 침해되었다는 차원에서 이루어지는 것 같다. 그러나 이러한 조치는 카자흐스탄의 국제 신인도를 추락시킬 위험성이 크기 때문에 매우 신중해야 할 부분이다. 우리나라를 비롯한 개도국들은 국내자본 부족 현상을 해결하기 위해 외국인 기업들에 특혜를 부여해 왔다. 이러한 정책은 카자흐스탄에 국한된 것이 아니다. 그리고 카자흐스탄이 필요해서 부여한 특혜이다. 급브레이크를 밟으면 차가 전복 될 수도 있다는 점을 인식할 필요가 있다.

다섯째, 카자흐스탄 정부가 외국인 투자유치에 확고하고 과감한 정책을 추진하지 못한다. 카자흐 정부 관리나 국영기업들은 매일같이 외국자본의 투자와 기술도입을 외친다. 그러나 이를 위해 어떠한 서비스를 해줄지에 대해 분명히 말하지 못하고 있다. 우리나라가 시행중인 원스톱 서비스 같은 개념의 과감한 도입이 필요하다. 그러나 아직까지는 정부 부처들이 매우 방어적이고 소극적인 자세를 유지하는 것 같다.

여섯째, 카자흐스탄의 굵직한 기업들은 대부분 국영기업이다. 2008년 글로벌 금융위기가 카자흐스탄을 덮치기 이전까지 이 나라는 부동산 분야가 카지노 수준으로 달아올랐었다. 자고 나면 부동산 가격이 치솟아 올랐다. 금융위기를 맞으면서 부동산 버블이 터지고 말았다. 건설사들은 부도 처리되고 부동산에 과도하게 투자했던 사람들은 소련 시대에는 상상하기 어려웠던 자산 상실을 당했다. 금융권은 부실채권에 물려서 건전성 회복이 어려운 상황이다.

경제위기는 건설과 금융권의 사기업 발전의 기회를 송두리째 빼앗아 갔다. 한마디로 민간 경제 분야가 극도로 취약하고 국영 기업이 대부분이라는 문제가 있다. 또한 이러한 국영기업은 삼룩카지나라는 국부 펀드로부터 예산을 어떻게 따내느냐에 기업 활동의 범위가 정해지고 있다. 이에 따라 정부 관리들과 국영기업 간부 들 간에는 협조와 갈등의 체제가 반복되고 있다. 이러한 구조는 기업들이 정부기관과의 관계에 지나치게 의존하고 기업 활동도 예속되는 문제점을 노정하고 있다. 시장에서의 이익창출이 기업 활동의 기반이 되어야하지만 상당부분 제약을 받고 있는 것이다.

일곱째, 레드테이프의 극복 노력 부족이다.

카자흐스탄도 사업장이나 학교, 병원 등에 소련체제의 각종 서식과 규정들이 끈질기게 존재한다. 상황이 변화하고 과학기술의 발전을 고려한다면 이에 맞게 탄력적으로 변해야 하겠지만 규정하나 바꾸는 것도 여의치 않다. 많은 시간과 정력이 쓸데없이 허비되게 하는 요소들이다.

예를 들어 대학 강의의 경우 매번 강의할 내용을 사전에 제시하도록 하고 있다. 강사들에 의한 질이 떨어지는 강의를 방지하기 위한 것이라고는 하나, 실제 강의와 똑같이 사전에 제출하라는 것은 지나친 것이다. 학생들의 수용성이나 반응에 따라서 완급의 조절도 있어야 할 텐데 어떻게 사전에 강의 내용을 다 정할 수 있을까?

건설사업의 경우도 마찬가지의 작업서 제출이 요구된다. 미리 정하기 힘든 부분도 빠뜨리지 말고 기입해야 한다. 이러한 제도의 장점도 무시할 수는 없다. 문서 작업의 중요성이 사회적인 컨센서스화 되어있기 때문에 오히려 자신의 안위를 확보하는데 큰 도움이 될 수도 있다. 그렇다 해도 신속하게 규제 개혁을 할 필요가 있다. 다만 규제를 바꾼다 해도 사회적 통념과 관행으로 정착되기까지는 시간이 필요할 것이다.

2014년 10월 삼룩카지나(SamrukKazina: 카자흐 국부 펀드)의 개혁 세미나가 열리던 날.

새로 문을 연 도서관 '나자르바예프 센터'에서는 참석자들을 놀라게 하는 일이 벌어졌다. 외교단 전체를 초청하고 대통령이 함께한 자리였기에 과감한 혁신 방안이 제기될 것으로 예상한 대사들은 없었을 것이다. 그러나 슈케에프 삼룩카지나 회장의 개혁방안보고에 이어 진행된 외국전문가들의 발언은 송곳처럼 날카로웠다.

리차드 에반스 삼룩카지나의 사외 이사는 현재의 국영기업 운영 방식으로는 이익창출을 낼 수 없으며 2050년까지 세계 30대국에 진입한다는 비전은 헛된 꿈일 뿐이라고 했다.

> "기업의 경영구조(corporate governance)를 혁신적으로 개혁하여야 이익 창출이 가능하다. 영국항공사(BA)와 합작한 에어 아스타나가 많은 이익을 창출하고 있는 것은 특수한 기술이 있어서가 아니고 기업 경영구조를 능률적으로 바꾸었기 때문이다. 대부분의 카자흐 국영기업은 이익 창출이 불가능한 구조를 갖고 있다. 늦기 전에 비능률을 털어내고 인적 구조도 바꾸어야 한다. 볼라샤 장학금제도와 나자르바예프 대학의 창설은 좋은 투자이다. 이제 양성된 인재들을 변화와 개혁의 과정에 투입하고 주인이 되게 하여야 한다. 카자흐스탄의 개혁의 긴 여정중의 첫 단계에 처해있다. 대통령이 개혁의 의지를 갖고 있으므로 마음만 먹으면 능히 해 나갈 수 있다."

구소련권 전문가인 이란 출신 이착 아디제스 교수는 "카자흐스탄에는 아직도 소련의 부정적 유산이 곳곳에 남아있다. 회사에서 사장이 의견을 내면 모두 침묵한다. 아무도 이견을 말하거나 새로운 아이디어를 말하지 않는다. 그리고 대부분의 직원들이 복지부동한다. 이의 변화 없이 어찌 국가발전을 논할 수 있겠는가?"

누리엘 루비니 뉴욕대 교수나 맥켄지의 도미니크 버튼사장 등은 급변하는 세계경제 정세에 유연하게 적응해 나가야 카자흐스탄이 효과적으로 개혁을 수행할 수 있다고 했다.

날카로운 외부의 비판을 청해듣는 대통령과 총리 그리고 장관들이 앞으로 어떻게 변해갈지 궁금했다. 20년 이상 카자흐스탄을 통치해온 절대 권력자가 이러한 모임을 스스로 마련해서 토의한 사례가 과연 지구상 다른 곳에서도 있었을까? 자리를 같이 했던 대사들은 놀라기도 하고 향후 개혁방향에 대한 기대감이 생기기도 했다.

07
끼리끼리 문화

카자흐스탄만큼 남부와 북부 주민간의 특징이 확연히 차이가 나는 곳이 있을까?

쉼켄트, 타라즈 등 남부 지방은 우리끼리 똘똘 뭉쳐서 일을 도모하자는 심리가 강하다. 카자흐말로 “아가시 코퍼레이션“이라고 한다. 아가시는 아저씨라는 뜻이다. 모든 일이 인간관계에 의해 지배당한다. 기업이든 관청이든 사람을 고용하거나 기용하는 데는 인적 관계가 중요하다. 끝발있는 사람이면 사돈의 팔촌까지도 일자리를 찾아주는데 어려울 것이 없다. 이들이 중요 요직에 가면 그 부서의 소속 직원들이 다 교체되기까지 한다는 것이다. 태평양 도서 국가에 있다는 부족원동일체 의식을 보는 듯하다. 이 지역에 투자하거나 무역을 하려는 우리 기업이 잘 이해해야 할 점이다. 이 지역들을 방문해보면 이웃끼리의 단합력도 강하고 손님들에 대한 융숭한 대접이 매우 깊은 인상을 준다. 한국인들에게는 정서적 안정감을 주는 것 같다. 우리 기업인들이 대부분 알마티를 비롯한 남부 지방에 상주하는 것도 이와 무관하지 않을 것 같다.

이에 비해 북부지역은 산업이 발달되어 있고 러시아인들이 상대적으로 많이 거주하여 사뭇 분위기가 다르다. 산업 발달에 따라 기술이 중요하고 인맥에 얽힌 인사는 사업에 도움이 되지 않는다는 것이다. 볼라샥이라는 장학제도에 의해 우수인재들이 해외 유학의 기회를 잡는다 해도 카자흐스탄에 돌아와서 일자리를 잡는 것은 인맥에 의해(파 블라투) 이루어지기 때문에 권력에서 멀리 떨어진 인재들은 공부하던 곳으로 다시 돌아가 일자리를 찾기도 한다고 한다.

높은 자리나 사장 자리에 오른 사람들의 몰상식한 탐욕도 문제이다. 수년 전 카자흐텔레콤 사장은 한 달에 35만 불의 봉급을 챙겨갔다고 한다. 결국 나자르바예프 대통령에 의해 파면되었다. 대통령도 "내 봉급이 얼마인데 카자흐텔레콤 사장이 그러한 봉급을 받을 수 있나?"라는 의문을 제기하였다. 해도 너무하는 것 아니냐는 지적이다.

08 복지부동

우리나라도 장관이 새로 임명되어 의욕적으로 어떤 사업을 추진하려 하면 실무 관리들이 100가지가 넘는 이유를 들고 나온다고 한다.

카자흐스탄에서도 대통령은 2020, 2030 이제는 2050 국가 발전 계획을 제시한다. 구체적 실천 방안도 발표되었다. 그러나 이러한 계획이 순조롭게 진행되리라 믿는 외국인들은 거의 없다고 보아야 한다. 관리들은 대통령이 주창하는 것을 열심히 따라했다는 증거만 남기려하지 정책이 실제로 이행되는 데는 별로 관심이 없다. 관심이 없다는 말이 좀 너무한가? 이행하려는 의지와 능력이 부족하다고 하는 것이 더 타당할지 모르겠다.

2013년 초에 외교장관, 산업신기술부장관, 노동장관이 대사들을 초청하여 외국인 투자유치와 관련된 애로사항을 청취하고 개선책을 마련하기 위해 공개 간담회를 개최하였다. 방송사에서 나와서 녹화하여 방송도 하였다. 각 대사관에서는 그 동안 업계로부터 청취한 내용을 다 모아서 종합적인 건의서를 제출하였다. 우리 대사관은 진출 업체로부터 받은 애로 사항과 해결방안을 상세히 마련하였다. 이를 외교부에 제출하였는데 뒤늦게 이를 알게 된 유럽연합, 미국, 일본 등이 합류를 희망해 왔다. 우리는 그들의 요구사항까지 포함하여 외교부와 노동부에 건의하였다.

그로부터 10개월이 지난 2014년 2월말 이세케세프 산업신기술부 장관이 다시 간담회를 소집했다. 대통령이 산업 프로젝트들이 제대로 이행되는 것이 없고 외국인 투자가 들어오지 않는다고 지적하자 부랴부랴 소집한 회의였다. 이 간담회는 일종의 성토장이 되어버렸다. 나를 비롯한 미국, 영국, 독일, 터키 대사들이 작년 간담회 이후 개선 사항이 전혀 없다고 지적했다. 대사들은 더 이상 외교적인 표현들을 쓰지 않고 직설적으로 문제점을 지적했다. 간담회는 그만하고 일 좀 하자고 촉구했다.

이 날 이후 정부 부처들의 움직임이 빨라지기 시작했다. 한성진 참사관이 외교부・노동부와 협의하는 일이 잦아졌다. 카자흐스탄에 대한 최대 투자국인 우리의 요구사항을 진지하게 처리하기 시작한 것이다.

카자흐 관리들은 왜 행정처리가 늦거나 소극적일까? 여러 가지 이유가 있겠지만 우리가 쉽사리 이해하기 힘든 제도가 있다.

소련방에 속했던 러시아나 카자흐스탄에는 특수한 법이 있다.

일명 '반국가범죄' 또는 '조국에 대한 배신범죄'가 바로 그것이다. 국가이익을 현저하게 저해한 자에 대한 처벌을 염두에 둔 것이지만 조항이 구체적이지 않을뿐더러 법규정의 해석이 매우 자의적이어서 인권침해 가능성이 높다. 이 법의 대표적인 폐해는 장관이나 차관이 공문서에 서명하는 것을 극도로 두려워한다는데 있다. 일이 잘못되는 경우 모든 책임을 뒤집어쓰고, 완전 퇴출되어 감옥에 갈 수 있기 때문이다.

물론 이 법은 아주 예외적인 경우에만 적용된다. 외국인 투자자의 대규모 투자 계약 시에는 신경이 쓰이는 제도이다. 불평등하고 지나치게 양보하여 국가에 막대한 손해를 끼쳤다는 죄목은 일견 이해가 되지만 자의성이 농후하다는 것을 알 수 있다. 정책의 실패나 오류를 처벌하는 것이다. 이러한 상황에서 누가 용감하게 최종 결정을 하겠는가? 결국 최종 책임을 장관을 넘어 대통령에게까지 미루는 결과를 초래할 것이다.

카자흐스탄을 비롯한 중앙아시아 국가들의 관리들의 복지부동은 이러한 제도와 관습에서부터 오는 것이 아닐까?

09 한·중앙아 협력 포럼

2013년도 우리나라와 중앙아시아 국가 간의 포럼은 키르기스탄의 수도 비쉬케크에서 개최되었다. 이 포럼은 6년 정도 계속되어온 포럼의 비전과 추진 방향에 전환점을 마련하였다.

우리나라가 중앙아시아 국가들과 포럼을 만든 이유는 우리 고려인 동포들이 중앙아시아 국가들에 광범위하게 흩어져 살고 있고 이러한 상황에 친숙함을 느끼는 우리 기업들의 진출이 활발하기 때문이다. 1991년 소련이 붕괴되고 15개 공화국이 독립국가가 되면서 우리나라의 중앙아시아에 대한 관심은 급증했다. 중앙아시아 국가들도 자기 나라에서 사회 각 분야에서 중요한 역할을 하고 있는 고려인들에 대한 좋은 인식을 갖고 있기에 한·중앙아 포럼에 외교차관을 단장으로 대표단을 구성해서 파견해 온 것이다.

이번에는 국내 대학 연구팀이 외교부의 용역을 받아 각국을 방문하여 직접 인터뷰한 결과를 바탕으로 발표를 하여 큰 의의가 있었다.

가장 큰 문제점으로 지적된 것은 의제가 우리나라 중심적으로 선정되어 왔다는 것이었다. 각국의 필요성에 대한 고려나 의견수렴이 부족했다는 것이다. 좀 일방적이었다는 약점이 드러난 것이다. 그런데 속사정을 알고 보면 각 국가들도 적극적으로 의제 개발에 나서지 않은 측면도 강하다. 그런데 이번에는 각 국가들의 의견도 듣고 종합하여 산림, 섬유, 철도분야들의 전문가들 간의 적극적인 토론이 이루어지니 사뭇 활기가 돌았다. 나는 중앙아 국가들에 근무하는 대사들도 포럼에 참석해보자고 건의했고 이것이 분부에서 받아들여졌는데 각국 대표단에게도 매우 긍정적으로 받아들여졌다.

우리의 대 중앙아 협력 사업을 추진해 나가면서 주변국의 전략변화를 주시할 필요가 있다. 유럽이 구조적인 어려움을 겪고 있는 가운데 유라시아 경제권이라는 개념이 급부상하고 있다. 시진핑 중국 주석은 2013년 러시아 상트페테르부르그에서 개최된 G20

정상 회담 후 카자흐스탄을 비롯한 중앙아시아 국가들을 모두 순방하였다. 그의 입에서는 30억 인구의 새로운 실크로드 시장이라는 개념이 튀어 나왔다. 그 동안 이루어진 중국의 중앙아시아 지역 경제 진출을 개념적으로 정리해낸 표현이다. 앞으로 이 시장을 장악해 나가겠다는 신호탄이기도 하다.

일본은 희토류 같은 일부 제한된 투자만 하고 있는데 비하면 섬뜩하기까지 한 표현이 아닐 수 없다. 물론 카자흐스탄시장에서 많이 팔린 일본 랜드크루저를 보면 일본이 실속은 챙기고 있다는 생각이 든다. 그러나 최근 건설 붐을 타고 중국산 건설 중장비들이 맹위를 떨치고 있다. 중국산은 엉터리라는 인식도 조금씩 사라져가고 있다. 경제적인 장비라는 인식이 확산되고 있다.

1990년대 ESCAP보고서에는 아주 인상적인 두 개의 그림이 있었다. 유라시아 대륙의 1990년대 교통망과 2030년의 그것이 함께 제시되었는데 1990년대에는 중앙아시아 지역의 도로망이 아주 단순하였다. 그러나 2030년이 되면 러시아를 포함한 지역까지 철도와 자동차 도로망이 광범위하게 발달될 것이라는 예측도이다.

미국이나 유럽의 광범위하고 고질적인 경제침체에 새로운 활력을 불러 넣을 새로운 시장의 탄생이 암시되고 있는 것이다.

2005년 안디잔 사건을 계기로 미국과 유럽연합국가 들은 중앙아시아, 그 중에서도 특히 우즈베키스탄에 대한 투자는 기피해왔다. 그러나 최근 이러한 모습이 급속히 변해가고 있다. 특히 카리모프 대통령의 사망 후 안디잔사건의 여파가 조금씩 걷혀가는 모습이다. 중앙아시아 지역을 폐쇄 고립지역으로부터 유망 신흥 시장으로 인식하기 시작한 것이다.

리드 타임이 길더라도 차세대를 위한 투자를 해야 하는 것이 오늘날 국제정치 경제무대의 현실이다. 이를 외면하는 국가들은 21세기 국제무대에서는 낙오자가 될 수밖에 없을 것이다. 신흥 시장의 온갖 문제점을 열거하면서 국내에만 머무는 국가, 세련된 선진국 시장에만 안주하는 국가들은 희망이 없다. 빵 위의 보일 듯 말 듯한 버터만을 핥아보려 하는 전략은 더 이상 통하지 않는다. 이제는 글로벌 시대의 성공하는 비즈니스맨의 형태가 바뀌어 갈 것이다. 세계 어디라도 빠른 시간 내에 이동하여 기회를 포착하는 매우 공격적인 비즈니스맨만이 성공할 수 있는 시대가 오고 있다.

중앙아시아를 바라보는 시각도 개선되어야한다. 흔히들 제2차 세계대전이후 성공한 개도국은 우리나라를 비롯한 아주 극소수국가들이라고들 한다. 그러면 우리는 중앙아시아 국가들에 어떻게 접근해야 하나? 단순히 원유를 캐어 조금 돈이 생긴 카자흐스탄, 농업을 해서 중저가의 가전제품은 살만한 구매력을 가진 우즈베키스탄 정도로 생각할 것인가?

발상의 전환이 필요하다. 우선 카자흐스탄이나 우즈베키스탄은 유럽과 동아시아를 육상교통이나 항공으로 연결하는 연결자적 위치에 있다는 것을 의식해야 한다. 이러한 교통망과 통신망을 성공적으로 연결한다면 절단되어 있던 동아시아와 유럽은 연결되고 통합되는 무역과 투자의 환경을 조성할 수 있게 될 것이다.

유럽에서 먼저 이루어진 국가연합의 형태가 유라시아 전역을 함께 묶는 '유라시아 연합'으로 발전되어 나갈 수 있을 것이다. 느슨한 방식의 통합을 위한 움직임들은 이미 시작되었다. 이러한 통합의 과정을 염두에 두고 역내에서의 협력 방식을 가다듬어 볼 수 있을 것이다.

예를 들어서 중앙아시아 5개국 간의 수자원 이용에 관한 갈등문제이다. 키르기스탄이나 타지키스탄, 투르크메니스탄 등의 상류지역과 카자흐스탄, 우즈베키스탄간의 수자원에 관한 갈등구조는 아주 오래 진행되어 왔다. 구소련에 속해있던 시절부터 독립 후 20여년의 세월이 지난 오늘날까지도 합의다운 합의가 이루어지지 않고 있다. 상류국가들이 자원도 없고 경제력도 약한 반면 하류국가들은 경제력이 우월하다보니 자칫 감정싸움으로까지 비화될 수 있는 휘발성이 강한 문제이다.

카자흐스탄의 사리바이 차관은 한정된 수자원, 조금씩 그 공급량이 줄어드는 수자원의 효과적인 저장 및 활용문제, 수질개선에 관해 한국 측이 우수한 기술력을 바탕으로 역내 모든 국가에게 이익이 되는 방안을 마련할 수 있도록 기술적 공여를 해줄 것을 제안하였다. 가장 민감한 문제를 모두에게 이익이 되는 방안을 도출하여 풀어 나가보자는 의미 있는 제안을 한 것이다. 2016년 미르지요에프 대통령이 취임한 후 이 제안은 힘을 받기 시작하였다. 우즈베키스탄이 이웃국가들의 요구사항을 신축적으로 수용함으로써 문제 해결의 전기를 맞았다.

우리 정부는 2017년 서울에 한·중앙아 협력사무국을 설치하고 중앙아시아 회원국으로부터 직원도 파견 받고 있다. 현재는 국제교류재단에 속하면서 인큐베이팅 단계이다. 협력사업들이 본격화되면 별도의 단체로 독립할 예정이다. 중앙아시아 지역은 우리 기업들의 관심이 크고, 양국 간 문화, 교육 교류도 활발한 지역이다. 정성을 다해서 키워나가야 할 파트너들이다.

10
유라시아 시대는 열리는가?

유라시아가 새로운 세계경제 기관차로서 주목받기 시작했다. 그 시초는 중국의 눈부신 경제 성장이다. 그 이전에는 한국의 압축적 경제 성장이 있었다. 제2차 세계 대전이 유럽과 러시아 동북아를 쓸고 지나갔던 시절에 유라시아는 까마득한 미래의 개념이었다.

미국, 일본, 유럽연합 주도의 세계 경제 성장이 정점에 올랐던 1980년대 말은 글로벌 경제위기를 잉태하고 있었다.

1997년 동아시아 위기와 2008년 글로벌 금융위기는 세계 경제를 주도해왔던 미국, 일본, 유럽연합의 경제적 무게에 대한 의구심을 키우는 계기가 되었다.

세계 경제의 맥박을 다시 뛰게 할 새로운 동력을 갈구하는 지구인들은 유라시아라는 개념을 떠올리기 시작한 것이다. 1991년 말 소련의 붕괴로부터 20여년의 세월이 지난 오늘 중국, 러시아나 중앙아시아 국가, 동유럽 국가, 인도의 경제성장과 향후의 역할에 새로운 시각이 형성되기 시작한 것이다.

우리 정부의 신북방정책은 북방정책을 추진한지 25년이 지난 연장선상에서 나왔다. 냉전의 종식과 적대국간의 화해를 배경으로 유라시아 시대를 열기 위한 구체적인 움직임은 우리나라가 제일 먼저 시작했는지도 모른다. 유럽연합은 냉전이 종식되자 잽싸게 러시아에 대한 문을 걸어 잠궜다. 유럽연합의 결속과 동유럽 국가들을 유럽연합의 보호막에 끌어들이는데 열중했을 뿐이다. 유럽연합 국가들 머릿속에서 '커다란 유럽(greater Europe)'은 없었다.

21세기 유라시아 시대를 열어 갈 주요국가 들로서는 유럽에서는 독일, 동북아에서는 한국, 중국, 일본 그리고 중간 연결자로서는 러시아를 손꼽을 수 있을 것이다. 중앙아시아의 카자흐스탄, 우즈베키스탄과 터키 등도 중추적 역할을 할 국가들이다.

유럽연합의 중심은 독일이라는데 이의가 별로 없는 것 같다. 독일 말고는 유럽연합 내에서 탄탄한 산업 생산력과 기술력을 갖춘 나라를 찾아보기 힘든 것이 현실이다. 영국이 유럽연합에서 이탈

하려는 브렉시트도 그러한 맥락에서 추진되고 있는 것 같다.

유라시아라는 말이 자주 들린다. 그러나 그것은 가까이에서 들리는 힘찬 드럼의 소리는 아니다. 아직은 끝없는 지평선 저 멀리에서 들릴 듯 말듯 들려오는 은은한 북소리에 불과하다. 유라시아 시대를 아우를 새로운 비전과 패러다임은 아직 들리지 않는다. 시진핑이 이야기한 30억 신실크로드도 희망사항일 뿐이다.

실크로드의 옛날 길들을 다시 찾아서 걷고 말 타고 차타고 가본다고 해서 실크로드가 부활되지는 않을 것이다. 유라시아 국가들이 어떻게 통합된 경제권으로 생활권으로 모아질지에 대한 이야기는 중구난방일 뿐이다. 유라시아의 어느 국가도 구체적인 플랜을 들고 다른 국가를 끌어 모으려하지 않는다. 그러나 작은 움직임들은 있다. 러시아는 예 소련에 속했던 나라들 중에 몇 나라를 모아서 EEU(유라시아 경제연합)을 만들려하고 있다. 카자흐스탄은 중앙아시아 국가들 간의 경제 유대를 강화해보려 하지만 반응이 열광적이지는 않다.

문제는 러시아이다.

유럽연합은 러시아를 가상의 적으로 하는 자세를 바꾸어 러시아와 함께 유라시아 시대를 열어갈 의지가 있는가? 러시아를 그저 오도 가도 못하게 묶어두는 전략에서 벗어나 진정한 파트너십을 구축할 용의가 있는가? 크림 합병과 동우크라이나 사태로 야기된 러시아에 대한 경제제재는 좀처럼 풀릴 것 같은 낌새조차 없다. 이에 대한 대답은 상당 부분 독일에 달려 있는 것으로 보인다.

그렇다면 러시아가 폐쇄적인 성향을 지양하고 유라시아의 중심적 연결자로서 나설 것인가? 중국의 부상을 견제하고 옛날의 영광을 찾기 위한 러시아의 노력이 얼마나 빨리 그 모습을 들어 낼 것인가가 핵심 화두가 될 것이다.

러시아가 페트로스테이트 형태의 경제구조에 만족하고 산업입국에서 가시적 성과를 내지 못한다면 러시아의 무게를 느끼기는 어려울 것이다. 소련이 붕괴된 지 20년이 넘어가지만 러시아의 산업 생산력은 아직도 세계 경제의 주목을 받고 있지 못하다. 러시아가 보유하고 있는 핵무기로 국력을 측정하는 것은 더 이상 유효하지 않다. 러시아를 다른 국가가 공격하지 못하는 안전판 역할은 할지 모르지만 러시아의 국제 정치, 경제 무대에서의 영향력을 증대하는 데는 별 도움이 되질 않는다. 북한의 핵개발 프로그램이 무용지물인 것과는 의미가 다르지만 말이다.

러시아의 국가 위상이 유가에 따라 등락을 거듭하는 모습은 안타깝다. 소련 붕괴 후 20여년이 지났으니 이제는 시장경제체제도 자리를 잡았다. 그들의 높은 기초과학을 바탕으로 산업 생산력을 보여줄 때이다. 러시아가 카자흐스탄, 벨라루스와 관세동맹을 맺고 시장 확대를 꾀하는 것은 이러한 노력의 일환이다. 구소련에 속해있던 주변국에서 러시아 상품들이 상대적으로 우월한 경쟁력을 보이고 있는 것도 사실이다. 그러나 중국이 전 세계 곳곳에서 보여주고 있는 모습에 비해 허약해 보이는 것이 현실이다.

유럽은 노쇠하였다. 유럽 국가들이 힘찬 산업 능력으로 재무장하고 다시 국제무대에 등장하기까지는 꽤 많은 시간이 걸릴지 모른다. 독일이나 덴마크 등의 국가들은 녹색성장이라는 새로운 패러다임을 추구하고 있다. 그러나 유럽연합 소속 국가들의 상당수 국가들은 재정적자를 메우고 실업의 깊은 터널을 헤쳐 나가기에도 힘겨워 보인다. 거기에 시리아나 아프리카 지역으로부터의 난민 대량 유입사태가 회원국 간의 갈등을 증폭시키고 있다.

지금은 러시아가 자신의 능력을 보여줄 때이다. 의욕이 넘치는 젊은 세대들이 뛸 때이다. 러시아는 유라시아 대륙의 젊은 피로 각광을 받을 조건을 갖추고 있다. 전통적인 유럽의 변방국가가 아니라 유라시아의 중심국가로 부상해야 할 때이다. 지정학적, 산업 발전 단계적으로 도약이 가능한 때가 아닌가? 소련 붕괴 후 20년 이상이 경과하면서 러시아에는 새로운 젊은 주류층들이 출현하고 있다. 그들은 시장경제와 민주주의적 가치체계를 갖고 있다. 러시아에 대한 경제 제재를 산업 발전의 기회로 삼아 전화위복을 해야 한다. 러시아가 혁신적으로 과학기술을 발전시키기 위한 다양한 정책을 추진하고 있는 것은 고무적이다.

푸틴대통령이 총리 시절 이 젊은 층들 사이에서 자신의 인기가 하락하고 있는 것을 알아채고 그 대책을 강구하기 시작했다. 그들은 폐쇄적이고 외국인들을 가상의 불온 세력으로 보는 시각을 싫어한다. 그들은 러시아가 딱딱한 관료주의로 외국 친구들을 불편하게 하는 것을 싫어한다. 합리적인 접촉과 대화가 보장되는 편리한 조국 러시아를 원하고 있는 것이다.

유라시아의 통합은 정치인들 간의 합의만으로 이루어 질수 있는 것은 아니다. 사회전반에 형성되는 새로운 기류가 개방과 통합을 지향하고 있음을 깨달을 때 통합의 가능성은 높아질 것이다.

통합의 시기가 너무 빨라도 부작용이 클 수 있다. 각 나라의 사정에 대한 고려가 소홀한 상태로의 통합은 사상누각이다. 유럽연합이 동구권 국가들을 받아들이면서 겪고 있는 혼란과 비용을 간과해서는 안 된다.

러시아의 극동 중시 전략도 지난 10여 년 간 답보 상태에 머무르고 있다. 시기가 성숙하지 않은 것이다. 러시아는 우랄이동지역의 시베리아 자원 개발을 느린 속도로 진행해 왔다. 중국은 코빅틴스크 천연가스 도입가격을 아주 낮은 수준으로 요구함으로써 개발

계획 자체가 연기된 바 있다.

이제 서서히 러시아와 중국, 우리나라, 일본이 동시베리아의 자원 개발에 대한 이해관계가 들어맞기 시작하는 시기가 다가오고 있다. 중국은 멀리 아프리카까지 진출하여 자원 개발을 해왔다. 그에 따른 비용이 상당히 들어가고 운송도 불편한 현실에 직면해 있다. 가까운 이웃, 러시아와의 자원개발 협상 테이블에 다시 앉을 때이다.

북극항로의 개설도 새로운 요소이다. 해수면의 온도가 올라간 결과 잊혀졌던, 불가능하다고 여겨졌던 북극 항로의 개설은 동북아 국가들과 서유럽 국가들은 조금 더 가깝게 연결해주는 요소이다.

90년대 초반부터 거론되었던 시베리아 지역의 기온상승은 인간이 거주할 수 있는 지역의 확대를 가져올 수 있다. 그러나 아직은 본격적으로 동시베리아에 거주와 경제 활동을 위한 집단이주 가능성은 보이지 않는다.

세계화의 진행은 기업들의 이동을 불러왔다. 치열한 국제 경쟁에서 살아남기 위해서는 조금이라도 생산 단가를 줄여야한다. 미국에서도 디트로이트의 항공, 자동차 산업이 텍사스로 이동해간 사실에 주목해야 한다. 혹한 지역에서 산업 시설을 건설하려면 기술력으로 추가비용을 상쇄할 수 있어야 하고 그 지역에서 산업을 해야 할 충분한 타당성이 있어야 한다. 우리나라 유수 전자업체들에 대해 카자흐스탄 정부의 아스타나 투자 제안이 있었지만 우리 기업으로서는 일부러 불리한 조건을 찾아 갈수는 없는 것이다.

유럽과 동북아사이의 광활한 유라시아 지역은 오랜 시간 동안 산골 마을에 하나 둘 불이 켜지듯이 개발되어 나갈 것으로 보인다. 지역의 광활함과 경제 발전정도의 일천함이 빠른 발전의 장애물이기 때문이다.

중앙아시아 지역에 대한 산업 시설 구축양상을 보면 이러한 성향이 분명하다. 중앙아시아 지역에 대한 비자원분야 외국인 투자는 아주 미약하다. 우리 기업들이 카자흐스탄, 우즈베키스탄, 투르크메니스탄에 건설중인 발전소, 석유화학단지 조성 사업을 유럽 국가들은 돈키호테적 프로젝트로 간주하고 있다.

한국 기업들의 과감성에 무모하다는 평가와 그 투지가 부럽다는 두 개의 다른 시각이 교차하고 있다.

2014년 5월 우크라이나 사태는 당분간 유라시아 대륙이 두개의 경제권으로 나뉘어져 발전되어나갈 것을 예고하고 있다.

그 하나는 이미 형성되고 진화를 거듭하고 있는 유럽연합이다. 또 다른 하나는 한국, 중국, 일본을 중심으로 하는 동북아 경제공동체와 러시아, 카자흐스탄, 벨라루스의 유라시아 경제공동체의 움직임이다. 유라시아 경제공동체는 당초 러시아, 카자흐스탄, 벨라루스 3개국 간의 관세동맹으로 출발하여 2015년부터는 경제공동체로 정식 출범하였다.

앞으로 10년 내에 유라시아 경제공동체와 동북아 경제공동체는 상호작용이 증가하면서 통합된 경제공동체 구성을 향해 나아갈 것으로 예상된다. 우크라이나 사태는 이러한 경제공동체 형성에 결정적인 계기를 마련해준 바 있다.

러시아는 자원수출국으로서 유럽지향적인 경제정책을 추진해온 것이 사실이다. 유럽을 향하는 원유와 가스 수출 파이프라인이 완비되어 있는데 반해서, 중국이나 우리나라를 향하는 파이프라인 건설은 소요비용과 수출가를 둘러싼 이견으로 오랫동안 지연되어 온 것이 사실이다.

그러나 우크라이나 사태는 유럽연합이 러시아와 친밀한 사이를 유지하면서 동반자로 살아가기를 원하지 않는다는 것을 분명하게 하였다. 이를 계기로 러시아는 그 동안 후순위로 삼아왔던 동북아 국가들과의 경제협력 기어를 최고 수준으로 올리려하고 있다.

동북아 국가들은 세계화의 진행으로 치열해진 경쟁과 시장포화 현상을 극복하기 위해서라도 유라시아 경제공동체 국가들과 동북아 국가 간의 경제적 통합과 새로운 거대 시장의 출현을 반길 것이다.

유럽연합이 배척하고 품지 못한 러시아를 동북아 국가들이 수용하여 유라시아 시대를 열어가는 것이 바람직할 것이다. 우리나라는 이러한 시대적 상황을 예견이라도 하듯이 이미 2005년경에 러시아와의 자유무역협정 체결을 추진한 바 있다.

러시아가 주창한 신동방정책은 오랫동안 표류해 왔다. 러시아는 유럽에 자원 수출하여 발생하는 수입의 단맛에 빠져서 몸을 제대로 못 가누어 온 형국이다. 산업화의 진행도 지지부진하기만 했던 것이다. 우크라이나 사태로 유럽연합과 정면충돌하고 제재를 당하고 보니 이런 식으로는 러시아의 국제사회에서의 위상유지와 영향력 확보가 불가능하다는 것을 깊이 깨닫게 된 것이다.

러시아는 북한과의 협력부터 본격화했다. 중국에 대한 장기 가스 공급 계약은 이미 체결된 바 있다. 우리나라에 대해서는 북한 철도 현대화사업에 투자해달라고 요청했다. 러시아가 북한의 철도 현황을 공동조사한지 무려 25년이 지난 후에야 시베리아 횡단철도와 한반도 종단철도의 연결사업이 추진되기 시작한 것이다. 남북한이 북한의 철도상황을 공동 조사한 것은 그 자체로도 커다란 의미가 있다. 아직 대북 제재가 해제될 단계가 아니므로 본격적인 공사 시작은 어려운 상황이지만 2018년 말 남북인사들이 판문역에서 착공식을 한 것은 남북 화해시대를 향한 상징적 의미가 크다.

2001년 북한과 러시아는 북한 철도 현대화를 위한 공동조사사업(하산-나진-청진-함흥-평강 간 781km)을 실시했다. 그러나 북한 측의 강력한 요구로 조사 결과는 공개된 적이 없었다. 북한이 자신들의 취약한 상황의 공개를 꺼렸기 때문이다. 시베리아 종단 철도와 한반도 종단철도에 대해 북한 군부의 반발도 강력하였다.

러시아는 우크라이나 사태를 발단으로 동방에 대한 관심을 갖게 될 것이다. 그렇다고 해서 러시아가 유럽연합과의 관계를 단절하고 동북아국가들과의 협력관계에만 치중하는 배타적 대외정책을 추구할 가능성은 높지 않을 것이다. 그 동안 국제질서의 트렌드로 추진 되어온 세계화는 어느 국가도 고립주의나 배타적 대외관계의 틀에 안주할 수 없는 환경을 조성하였다. 그러나 분명한 것은 우크라이나 사태는 러시아가 그 동안 부차적인 것으로 생각하고 소홀하게 다루어왔던 동아시아와의 관계증진에 본격적으로 나서는 중대한 계기를 마련할 것이다.

가장 단적인 사례는 러시아가 2019년부터 중국에 대해 38bcm의 가스를 공급하기로 계약을 체결한 것이다. 앞으로 중국의 신장지역에 대한 매년 30bcm의 가스공급 계약도 체결이 되면 러시아의 가스 수출의 중심이 유럽에서 중국으로 반전될 것이다. 현재 러시아는 독일에 대해 매년 40bcm의 가스 공급을 하고 있다.

러시아는 수입대체 산업의 육성에도 본격적으로 나섰다. 대부분의 생필품을 유럽으로부터 수입했던 러시아는 유럽연합의 경제제재에 맞서 유럽으로부터의 식품수입을 금지시켰다. 유가공을 비롯한 국내 식품사업이 추진되면서 수입품들을 재빠르게 대체해 나갔다. 그 동안 지지 부진했던 산업화가 우크라이나 사태로 형성된 제재 국면에서 활발해지기 시작한 것이다.

2차 세계대전 당시 소련은 히틀러의 공격에 대항하기 위해 깊숙한 내륙지역인 카자흐스탄 동북부지역에 중화학, 군수공장을 설치한 바 있다. 이번에는 유럽연합 국가들과의 경제 관계가 끊기면서 비자발적으로 국내 산업화가 진행되는 양상을 보이고 있는 것이다.

러시아는 준거집단(reference group)을 재설정할 필요가 있을 것이다. 2차 세계대전에는 연합국의 요청으로 많은 희생을 치루면서 독일의 항복을 받아내는 전선에 나갔지만 종전 후에는 승전의 기쁨을 함께 나누지는 못했다. 2천만 명이 넘는 국민들이 희생당했지만 돌아온 대가는 서유럽과의 대결구도라는 차가운 현실뿐이었다. 어쩌면 냉전은 거기서 시작되었을지 모른다.

소련이 무너진 후의 유럽역사의 재편과정에서도 러시아는 유럽연합에 들어가지 못하는 이방인으로 남았다. 그 종결편이 크림의 합병으로 시작된 우크라이나 사태이다.

이제 러시아가 확고하게 준거집단을 찾아서 정착하는 것은 러시아 인들 뿐만 아니라 수많은 주변국 국민들의 이익이 될 것이다.

러시아 국가문장에 그려져 있는 동과 서를 바라보는 독수리 두 마리가 다 눈을 번쩍 뜨게 되는 상황이 벌어진 것이다. 러시아는 국가전략상 서유럽 위주의 정책의 한계를 극복하려 할 것이다. 유럽연합은 러시아와 터키 두 나라의 합류를 거부하는 입장을 견지해 왔다.

이 두 나라가 동북아 국가들과의 경제공동체 구성에 적극적으로 나올 경우 21세기 국제정치질서의 판도는 크게 변화할 가능성이 높다.

아시아 디스카운트 현상으로 국제정치나 경제무대에서 항상 부차적인 행위자로 취급되어왔던 중국, 러시아, 한국, 터키, 인도 등이 참여하는 유라시아 경제 공동체가 출범할 날이 멀지 않았다. 이들 국가들이 지금은 소그룹으로 약한 연대를 유지하고 있으나 이러한 네트워킹이 더 큰 공동체 형성을 위해서 나아갈 계기가 마련되고 있는 것이다.

우리 정부로서는 신북방정책을 추진하면서 북방정책의 2단계에 진입할 기회를 맞이한 것이다. 유라시아 경제 공동체 추진을 통해서 한반도의 통일과 동북아의 강대국으로 도약할 수 있는 절호의 기회가 온 것이다.

11
한국-카자흐스탄 사증면제협정

2014년 6월 대통령 국빈방문시에 양국은 사증면제협정에 서명하였다. 100억 불 이상의 대규모 프로젝트가 진행 중인 카자흐스탄을 방문하는 것은 우리 경제에 중요한 일이었다.

국빈방문 기간 중에 중요한 문서들이 서명되었다. 발하시 화력발전소 건설사업의 전력용량구매 계약과 일반사증면제협정이 그것이다. 제도적 인프라가 굳건하게 마련된 것이다.

카자흐스탄은 구소련국가나 터키어권 국가인 터키 등과는 사증면제 협정을 맺었지만 그 이외의 국가 중에서는 우리나라와 처음으로 사증면제협정을 맺은 것이다.

또한 기업인들에 대한 복수사증 발급을 주요내용으로 하는 한시적 근로협정도 가서명되었다.

나는 국빈 방문을 준비하면서 이드리소프 외교장관과 특히 사증면제협정에 대한 여러 차례 협의를 하면서 지원을 받아냈다.

때마침 우리나라와 러시아와의 일반사증면제가 2014년 초부터 발효된 바 있었다. 나는 우리 기업의 투자가 러시아에만 집중될 우려도 있으니 시급히 양국 간 협정을 맺는 것이 필요하다고 설득했고 이드리소프 장관도 같은 의견이어서 협정교섭은 탄력을 받았다.

내가 카자흐스탄에 대사로 부임했을 때 이드리소프 장관은 주미대사였다. 내 후임으로 재외동포영사 국장이 된 안국장이 이드리소프 대사를 소개하였다. 영국 근무 시에 우리 대사관과 친분이 두터웠던 인사라고 하였다. 이드리소프 대사가 아스타나를 방문할 때면 나는 그를 한식당에 초청해서 대화를 나누었다.

그래서 그랬을까? 그는 장관에 취임한 후 대사들 중에 제일 먼저 나를 초청하였다. 그때부터 나는 양국 간에 진행 중인 대규모 경제협력 프로젝트의 원만한 진행을 위하여 사증면제협정 체결을 제안했고 이드리소프 장관도 흔쾌히 동의하였다. 당연한 이야기이기도 하지만 나는 그가 장관이 된 이후 주최하는 행사에는 빠짐없이 참석했다. 이렇게 맺어진 우호적인 관계는 업무 추진에 큰 도움이 되었다.

2014년 9월 유엔 총회시 양국 외교장관은 한시적 근로 협정에도 정식 서명하였다. 대사로서 우리 국민들을 위해서 할 수 있는 제일 중요한 일을 했다는 생각이 들었다.

2013년 초 우리 대사관이 외교단 내에서 제일먼저 사증과 체류 관련 불편사항을 문서화해서 외교부, 노동부, 산업신기술부에 보내고 개선을 요청했던 일이 신호탄이 되어서 유럽연합과 미국 등이 합세한 것도 큰 힘이 되었다. 우리나라도 이제는 국제사회에서 선도적으로 어젠다를 제기하고 주도적으로 이끌어 나가는 사례가 늘어가고 있는 추세이다.

업무 부담이 늘어나고 힘든 것도 사실이지만 일이 성공적으로 완성되면 성취감도 크다. 카자흐스탄 정부는 우리와의 사증면제협정이 발효되기 전에 10대 투자 국가들에 대해 1년 동안 한시적으로 15일간 사증을 면제하는 일방적인 조치를 취하였다. 많은 유럽 국가들이 왜 자기 나라가 이 리스트에서 탈락했는지 항의해오기 시작했다는 것이다. 버스는 이미 떠난 상황이었다.

12
크림병합의 영향

2014년 러시아의 푸틴 대통령은 크림반도를 전격적으로 러시아 연방에 편입시킨다. 크림은 4세기 동로마 제국의 일부로 편입되었고 오랫동안 타타르 족의 본거지였다. 1783년에 러시아에 합병되었고 러시아와 영국간의 크림전쟁의 발발 지역이다. 1954년 흐루시초프 공산당 서기장에 의해 우크라이나 공화국에 양도된 바 있다. 푸틴 대통령은 러시아계 주민이 다수인 크림을 주민들의 투표를 통해 러시아에 다시 편입시킨 것이다.

러시아의 크림합병은 맑은 하늘의 번개처럼 우리 기업들의 프로젝트를 엄습했다. 러시아와 같이 유라시아 경제협력체(EAEU)의 핵심 회원국인 카자흐스탄에서 추진되고 있던 잠빌 해상광구, 아티라우 석유화학단지, 발하시 석탄 화력발전소 건설사업이 무산되었다. 러시아뿐만 아니라 카자흐스탄도 화폐가치가 반 토막 나고 외국인 직접투자가 속속 무산되거나 연기되었다. 카자흐스탄은 러시아와 함께 경제공동체의 회원이었던 연유로 갑작스런 외부 충격을 받게 된 것이다.

이 사태를 지켜보면 나는 1991년 말 모스크바의 붉은 광장에서 크렘린궁 지붕위의 소련기가 내려가고 러시아연방의 기가 게양되는 역사적 순간의 상념이 생각났다.

"러시아가 기운을 차리면 전략적 요충지를 되찾으려 할 것이고 언젠가는 결국 무력충돌이 일어나겠구나."

소련붕괴 직전 솔제니친은 러시아, 우크라이나, 벨라루스 그리고 카자흐스탄을 통합하여 작은 연합국가를 만들자는 아이디어를 제시한 바 있다. 이는 실현되지 않았고 하나의 나라가 15개로 분리 독립되면서 영토분쟁의 씨앗은 잉태되었다. 그로부터 23년이 지나서 폭발음을 내기 시작한 것이다.

솔제니친의 아이디어는 소련붕괴 직후부터 나자르바예프 카자흐스탄 대통령 등에 의해 유라시아 연합국가라는 아이디어로 다시 제시된 바 있다.

그러나 피폐한 경제상황은 새로 독립한 15개 국가들의 각자도생으로 이어졌을 뿐 통합의 운동이 동력을 얻지는 못했다.

2000년 블라디미르 푸틴의 러시아 대통령 당선과 때마침 불어온 고유가의 바람은 제국의 부활이라는 화두에 불을 붙였다.

이 대목에서 그 이전에 있었던 논의를 돌이켜 볼 필요가 있다. 1990년 초 필자가 모스크바에 부임했을 때부터 소련방의 해체 시나리오들이 유행하고 있었다. 유럽과 미국의 주요 소련연구기관을 중심으로 이루어졌던 논란의 핵심은 러시아와 구소련연방 구성 공화국들을 포함하는 더 큰 유럽연합을 추구할 것인지, 아니면 소련방 구성 국가를 배제한 동부 유럽국가까지만 받아들이는 작은 유럽연합을 추구할 것인지에 관한 것이었다.

유럽연합은 후자를 선택했다.

그리고 2014년 결국 우크라이나에서 유럽연합과 러시아는 정면충돌하기에 이르렀다.

크림합병과 함께 우크라이나 경제력의 젖줄인 동부 우크라이나의 도네츠크, 루간스크 지방에서의 우크라이나 정부군과 친러 반군의 무력대결도 폭발하였다. 러시아와의 밀접한 경제적 유대를 갖고 있는 도네츠크 지역의 러시아계는 이번 기회에 러시아연방으로 편입을 꾀하게 된 것이다. 러시아계 주민들이 급속히 러시아 쪽으로 경사된 데는 민족적, 언어적 차이도 있지만 러시아의 경제력이 우크라이나 보다 훨씬 매력적이라는데도 원인이 있다.

우크라이나는 동부의 친러지역과 서부의 친서방 지역으로 사실상 분단되었다.

그렇다면 카자흐스탄의 운명은 어찌될 것인가?

유라시아 공동체의 앞날은 어찌될 것인가?

유라시아 경제공동체 가입을 희망하는 키르기스탄과 아르메니아는 러시아중심의 유라시아 경제공동체 가입을 과연 할 것인가?

2015년 1월 유라시아 경제공동체는 탄생하였다.

소련방이 붕괴된 지 23년이 지나고 소련의 땅에는 소수 국가 간에 경제 공동체가 탄생하였다. 역사는 반복된다고 했던가? 유럽인들은 2차 세계대전 이후 하나 된 유럽, 안전과 평화스런 유럽을 꿈꾸었지만 우크라이나 땅에서 또 다시 충돌하는 한계를 노정했다.

냉전의 종식은 유럽에 화합과 평화를 가져왔는가?

유고슬라비아는 여러 나라로 쪼개지면서 제노사이드의 반복이라는 악몽을 보여주었다. 이제 우크라이나를 분할선으로 해서 또 다시 유럽의 신 냉전의 시대로 들어가고 있는 것인가?

러시아의 의도는 분명해 보인다.

러시아와 적어도 경제공동체의 일원으로 남아 있어야 할 우크라이나를 유럽연합의 앞마당으로 허용하지 않겠다는 것이다.

우선적으로 이미 합병된 크림반도뿐만 아니라 도네츠크, 루간스크 등에 대한 확고한 영향력을 확보한다는 것이 1차 목표이다. 동부 지역에 대한 영향력을 모두 상실한 우크라이나는 경제적으로 더욱 피폐한 반쪽 국가로 전락하게 될 것으로 본다. 유럽연합의 우크라이나에 대한 경제적 지원은 한계가 있을 수밖에 없으므로 누가 집권하더라도 우크라이나 정부는 약체 정권의 출범과 퇴진을 반복할 것이다. 이러한 상황을 충분히 활용하여 러시아는 우크라이나를 묶어 두려고 할 것이다.

시간이 지나가면 우크라이나 국민들도 유럽연합에 기대어 사는 데는 한계가 있다는 것을 인정하고 러시아와의 관계유지가 국정의 안정과 생업의 안정을 보장해주는 요소라는 것을 인식하게 될 것으로 보는 것이다.

NATO는 우크라이나 상황에 대한 군사대비 태세를 강화했지만 이라크나 시리아, 리비아 등에 대한 방식의 공습을 감행하지는 못할 것으로 보인다. 러시아는 핵무기를 다량 보유한 군사강국임을 고려할 때 NATO는 우크라이나를 무력으로 방어할 의지를 보이기는 힘들 것이다.

러시아는 유럽연합이나 미국의 제재 해제에는 일정 시간이 걸릴 것으로 판단하고 있는 것 같다. 상황이 정리될 때까지 러시아는 중국, 인도, 일본, ASEAN, 북한과의 협력을 강화하고 있다. 그 동안 지지부진하던 동시베리아를 관통하는 4,000킬로미터의 천연가스 파이프라인(시베리아의 힘)을 건설하고, 중국에 대한 천연가스공급계약(4,000억 달러규모) 도 체결하였다.

일본에 대해서는 북방 도서 중 2개 섬을 반환하는 협상에 적극적으로 나서고 있다. 북한에 대해서는 오랜 숙제였던 북한의 대러채무를 탕감하고 루블화 결제 협약을 맺기도 했다.

잠자던 러시아의 '신동방정책'이 깨어나서 춤을 추고 있다. 선언적 의미에 머물렀던 여러 가지 정책들이 구체화되어가고 있다. 유럽연합과의 대화합에 실패하고 절망한 러시아가 동쪽을 향해서 무게의 중심을 옮겨가고 있다.

우크라이나 사태를 계기로 야기된 러시아의 무게 중심은 과연 중요한 의미를 갖는가?

10여년 전만해도 이러한 변화는 국제무대에서 별로 관심을 끓지 못했다. 러시아나 중국의 산업 기술력이 일천한 상황에서 개도국끼리의 연합이 무슨 의미가 있겠는가? 그러나 지금은 조금 사정이 달라졌다. 미국의 절대적이고 압도적인 기술력과 자본력이 이제는 상대적인 것으로 변해가고 있다. 반면에 중국의 산업 기술력은 놀라울 정도로 빠르게 선진국 수준을 따라잡고 있다. 러시아도 독립 후 20년 동안 외국으로부터 받아들인 기술력과 소련 시절부터 축적되어온 기술이 시너지 효과를 본격적으로 발휘할 것으로 보인다.

이러한 러시아의 행보가 동북아에 상시 난제로 존재하는 북한의 자폐적 핵개발 프로그램 해결에도 단초를 제공할지 지켜볼 일이다. 아니 한 걸음 더 나아가서 북한을 개혁 개방으로 이끌어 평화적 통일의 날을 당겨올 수 있도록 우리의 전략을 재수립하여야 한다.

제4부

중앙아시아 국가들의 경쟁

01
1990년대 초반 중앙아시아 프로젝트

소련 붕괴 후 우리 기업들은 새롭게 열린 중앙아시아라는 시장에 앞 다투어 진출하기 시작하였다. 그중 제일 먼저 결실을 본 것은 대우자동차의 우즈베키스탄 진출과 삼성물산의 카자흐스탄 진출이었다.

당초 대우자동차는 카자흐스탄에 자동차 생산 공장을 건설하려 하였다. 그러나 카자흐스탄이 이를 거절하여 우즈베키스탄에 진출하게 된 것이다. 대우자동차는 우즈베키스탄에 연 30만대 규모의 생산 공장을 건설하였다. 우즈베키스탄 정부는 자국민들을 부평공장으로 데려가 기술교육을 시켜 다시 우즈-대우차 공장에 투입하여 일하게 하는 대우 자동차가 정말 귀한 손님이었을 것이다. 초기 산업화의 기초를 닦아주는 중요한 일이었으므로 우즈벡 정부는 각별한 관심을 보였다. 우즈베키스탄에서 생산된 대우차는 러시아를 비롯한 독립국가연합 국가들에서도 잘 판매되었다. 소련이 붕괴직전 2억에 가까운 인구가 있었으니 커다란 우호적 시장이 존재했던 것이다.

한편 삼성물산은 1995년 카자흐스탄 서부지역에 위치한 제스카즈간 구리광산 종합개발계획에 진출하여 2000년까지 위탁경영하였다. 산발적으로 개발되던 구리광산들을 카작무스(Kazakhmys) 설립으로 종합적으로 개발하는 계획안을 카자흐스탄 정부로부터 승인받았다. 그 결과 삼성물산은 매년 수입의 40%를 이 프로젝트에서 올리기도 했다. 선진화된 경영방식이 채산성을 올리는데 어떻게 기여할 수 있는지를 보여주는 계기가 되었다. 아쉬운 점은 삼성물산이 정치적 변수와 경제적 변수를 고려하여 조기에 철수하였다는 점이다. 카작무스는 2000년부터 국제자원가격이 급등하자 황금알을 낳는 기업이 되었다.

이 두 가지 프로젝트는 우리 기업들의 중앙아시아 지역 진출의 시금석이 되었다.

우즈-대우 프로젝트는 중앙아시아 지역에서 우리의 산업기술로 현지 공장을 건설하고 현지 기술인력을 양성하여 산업화의 기반을 구축하는 프로젝트의 랜드마크가 되었다.

카작무스 프로젝트는 비능률적 산업을 정리하여 이익을 최대화하는 프로젝트라는 평가를 받았다. 그러나 다른 한편으로 카자흐 정부는 이 프로젝트를 통해 너무 많은 이익이 외국기업에 넘어갔다는 의구심을 갖게 되었다.

02
카자흐스탄의 국제화

소련이 붕괴되고 1991년 카자흐스탄, 우즈베키스탄 등 중앙아시아 국가들도 독립국가가 되었다. 카자흐스탄은 과감하게 개혁·개방의 길로 나섰다. 핵무기를 완전 포기하고 외국인 투자를 과감하게 유치하였다. 국제화를 통한 국민들의 의식수준 향상에도 힘썼다. 아스타나 경제포럼을 비롯한 각종 국제행사를 유치하였다. 카자흐스탄을 국제사회에 널리 알리고 투자유치를 하겠다는 목적도 있지만, 이러한 과정을 통해 카자흐 국민들과 젊은 학생들이 국제정세를 제대로 이해하고 적응하여 국가건설에 매진하도록 하려는 의도였다.

나자르바예프 대통령은 소련방 붕괴 후 독립국가연합 국가들 간에 민족분쟁, 영토분쟁 등의 가능성이 있는데도 불구하고 120여 개의 소수 민족이 평화 공존하는 대화합정책을 일관성 있게 추진하였다. 도시나 지역마다 소수 민족의 문화센터도 만들어 각 민족이 그들의 전통과 문화를 지켜나가고 즐길 수 있는 환경을 만들었다. 스탈린이 소련 내 모든 시민들이 러시아어를 사용하도록 하고 소수민족 교육을 탄압한 것과는 대조적이었다.

세계 종교 지도자 대회도 주창하여 제 종교집단 간의 충돌을 방지하고 상호 존중하도록 분위기를 조성하였다. 반기문 유엔 사무총장은 종종 카자흐스탄을 방문하여 이러한 카자흐의 제도를 활용하여 국제분쟁을 해결하려 하였다.

카자흐스탄은 국가 건설을 위해 미래의 인재를 양성하는 프로젝트를 추진하였다. 미래라는 뜻의 '볼라샥(Bolashak) 프로젝트'가 바로 그것이다. 해외 유수대학에 젊은 인재들을 과감하게 유학시켰다. 1994년에 시작된 이 프로그램으로 해외 유학을 다녀온 학생들이 이제는 1만 3천여 명에 달한다. 전 세계 32개국 630여 개의 대학에 파견하는데 최고를 지향하여 하버드 같은 명문 대학에도 과감하게 파견하였다. 최근에는 이 제도에 의해 우리나라에도 유학생이 오게 되었다.

이와 동시에 카자흐 정부는 수도인 아스타나에 미국의 MIT 대학을 벤치마킹하여 나자르바예프 대학을 설립하고 세계 유수대학에서 우수한 교수들을 초빙하였다. 겨울이 6개월이 넘는 혹독한 날씨에도 불구하고 높은 보수에 관심 있는 교수들이 아스타나 근무를 자원했고 계약 기간이 끝나도 연장하는 경우가 많았다.

카자흐스탄은 중앙아시아의 두바이를 꿈꾼다. MICE 산업의 육성을 통해 주요 국제 안보, 경제회의 유치를 희망한다. 시리아, 이란, 그리고 한반도 문제에 관한 장소 제공과 중재자 역할을 제안하곤 한다. 이러한 제안을 하는 데는 1991년 독립 이후 일관성 있게 추진해온 화합과 갈등의 평화적 해결 정책이 있다. 2007년 우리 국민들의 아프카니스탄 피랍사건이 발생했을 때 앞장서서 탈레반을 향해 평화적 해결을 촉구하는 성명을 발표한 CICA도 카자흐스탄이 창설한 국제기구이다.

03
카자흐스탄 경제협력 프로젝트의 좌절

2014년 러시아는 전격적으로 크림을 합병한다. 그리고 우크라이나 동부지역에서는 러시아계 반군과 우크라이나 정부군이 충돌한다. 미국과 유럽연합은 러시아에 대한 경제제재를 단행한다. 러시아와 카자흐스탄 등 유라시아 경제연합 국가들의 환율은 폭등했다. 러시아의 루블화는 달러당 30루블에서 85루블까지 순식간에 올랐다. 카자흐스탄의 텡게화도 달러당 150텡게에서 380텡게까지 치솟아 올랐다.

양국의 경제는 파산 일보 직전으로 몰렸다. 소련방 해체 이후 시장경제로의 전환을 추진해온 양국의 경제는 감당하기 어려운 쓰나

미에 밀려나기 시작했다. 카자흐스탄은 2008년 글로벌 금융위기로 부동산 거품이 터지는 혼란을 겪은 지 6년 만에 또다시 러시아발 경제위기를 겪고 있는 중이다.

우리 기업들이 추진해왔던 발하시 화력발전소 건설, 아티라우 석유화학단지 건설, 잠빌 해상광구 개발 사업 등이 좌초되었다.

이러한 프로젝트 좌초에는 여러 가지 원인이 있었다.

첫째. 우즈베키스탄과 달리 카자흐스탄 정부는 정부보증을 거부하였다. 기업의 입장에서는 정부의 보증보다는 카자흐스탄 '삼룩카지나'같은 국부 펀드의 보장이 필요하다. 정부보증이 만병통치약은 아니다. 국내외적 경제사정을 들어 정부보증을 제대로 이행할 수 없는 경우 양국 간의 외교현안이 될 수는 있다. 그러나 계약불이행시 담보의 차압 등을 취하기 위해서는 담보 가치가 있는 자산을 보유하고 있는 국부 펀드가 더 유리할 것이다.

삼성물산이 추진했던 발하시 화력발전소 건설 사업을 위해 양국 정부는 정부간 협정(IGA)까지 체결하였다. 그러나 정상회담을 앞두고 서둘러 협정을 체결하면서 카자흐스탄 정부의 전력구입 의무조항을 포함시키지 못한 아쉬움이 있었다. 카자흐스탄 정부의 정부 보증에 대한 소극적 태도가 변화하지 않는 한 기대난망이기도 했다.

둘째. 우리 수출입은행 등은 이러한 카자흐스탄에 대한 금융지원에 매우 소극적이었다. 신용도가 낮은 국가에 대해서는 위험회피 정책이 매우 강하다.

셋째. 카자흐스탄은 유가하락과 유라시아 경제 공동체의 회원국으로서 러시아에 대한 경제제재 영향으로 경제사정이 악화되어 대규모 경제협력 프로젝트를 추진할 추동력을 상실하였다.

넷째. 카자흐스탄 정부의 정책 수행의지가 약화된 것도 원인 중의 하나이다.

이와는 달리 상대적으로 천연자원 부존량이 적은 우즈베키스탄은 수르길 가스 프로젝트를 완성하였다. 우즈벡 정부는 정부 보증도 제공하였다. 카자흐스탄에 비해 줄 곳 폐쇄적인 경제정책을 유지해왔던 우즈베키스탄이 예상외로 경제협력 프로젝트 완성에 대한 강력한 의지를 실천한 사례가 되었다.

카자흐스탄과의 경제 협력 프로젝트는 우리 기업들에게 커다란 좌절감을 던져주었다. 금융기관들은 이제 선불리 금융지원을 하기 어려워졌다. 양국 정부가 특단의 대책을 마련하지 않는 한 우리 기업의 투자는 어려워졌다.

그럼에도 불구하고 대우조선해양이 텡기즈쉐브로일(TCO: TenguizChevrOil) 증산 프로젝트에 27억 불 규모의 플랜트 설비 공급을 하고 있고, 현대엔지니어링이 6.4억 불 규모의 쉼켄트 윤활기유 생산설비 공급 사업과 3.6억 불 규모의 알마티 열병합 발전소 건설 사업을 진행중이다.

카자흐스탄은 러시아와 경제적으로 밀접하게 연결되어 있어서 러시아에 대한 경제제재가 해제되어야 외국인 투자가 활성화 될 것으로 보인다. 미국을 비롯한 유럽연합의 대러 관계 개선이 이루어져야 상황이 바뀔 수 있다.

04
아스타나 공공행정 서비스 허브

카자흐스탄 정부는 2013년 아스타나 공공행정 서비스 허브(ACSH: Regional Hub of Civi Service in Astana)를 창설하였다. 카자흐스탄 정부는 공공행정 서비스의 품질 향상을 위해 다른 국가들과 지식과 경험을 공유하려는 노력을 시작한 것이다. 국내 치안, 세무, 교육, 노동뿐만 아니라 외국인 투자분야 등에서도 공공 서비스의 질적 향상은 절실히 요구되는 사항이다.

카자흐스탄은 중앙아시아 국가 중에는 유일하게 1인당 국민 소득이 15,000불은 넘지만 공공 서비스의 수준은 아직도 높지 않은 수준이다. 그러나 세무, 출입국 등 분야에서 과감하게 선진제도를 도입하였다. 아스타나에서 자주 개최되는 국제 행사에 제공되는 의전, 회의진행 서비스도 괄목하게 세련되어 가고 있다.

카자흐스탄에 직접 투자를 하는 외국인 기업들은 종종 카자흐 관리들의 업무 수행 태도가 느리고 성과 지향적이지 않다는 점을 지적해왔다. 게다가 대형 국제 계약을 추진하는 과정에서는 정부 관리의 결정권에 많은 제약이 있다. 이러한 점을 고려하면 우선 카자흐 정부가 관리들에게 신축적으로 재량권을 부여하는 것이 우선 과제일 것이다. 개도국의 정부 관리들의 행동 반경을 어떻게 정하느냐 하는 것이 때로는 계약의 조건들보다 중요할 수 있다. 수익성이 높은 사업이라 하더라도 국제적인 사례보다 훨씬 더 긴 기간이 소요된다고 하면 수익성은 반감될 것이다. 그에 더해 계약의 불이행이나 중단의 염려가 커지면 사업 추진은 더욱 어려워 질 수 있다.

아스타나 공공행정 서비스 허브는 카자흐스탄뿐만 아니라 중앙아시아와 코카서스 지역의 국가들이 공공기관의 인재양성과 서비스 수준 향상을 추진하고 있다. 국제연합과 OECD 등 국제기구, 우리나라의 중앙공무원 교육원과도 파트너십을 구축하였다.

또한 국제연합의 SDG16, SDG17에 부합한 목표를 추구함으로써 국제연합과 공동으로 아프리카 국가들과의 협력도 추구하고 있다. 효율적이고 신뢰성과 투명성이 높은 정부 기관을 구축하는 것은 저개발국가, 개발도상국이 추구하는 경제 사회적 발전에 필수 불가결한 요소이다 OECD와도 협력하여 아스타나 허브의 경험을 라틴 아메리카 지역과 공유하는 사업도 진행중이다.

05 카자흐스탄의 대외정책

카자흐스탄은 다변화 외교 정책(multi-vector diplomacy)을 추진하고 있다. 러시아와의 전통적 유대관계를 유지하되 지나친 대러시아 의존을 탈피하기 위해 미국, EU, 중국 등과의 관계도 중시하고 있다. 2014-2020년 대외정책 개념(2014.1.)의 대외정책 우선순위는 중앙아 지역 안정 및 경제발전, 안보 유라시아 통합, 관세동맹(러시아, 벨라루스, 카자흐) 강화, 국제법에 의거한 국경선 확정 및 카스피해의 법적 지위 결정, UN, CICA, SCO, OIC 회원국으로서 국제기구에 적극 참여 및 협력 강화, 국제 및 지역 안보 강화 등이다.

카자흐스탄은 2014년 우리나라를 비롯하여 러시아, 중국, 미국, EU, 이란, 터키, 인도, 일본 등 약 20여 개 국가들을 주요 협력 대상국으로 선정하였다.

카자흐스탄은 아시아교류 신뢰구축회의(CICA)를 창설하였고 이를 주도하여 국제무대에서의 역할 확대를 시도하고 있다. 또한 다양한 국제기구 의장국을 수임하면서 국제사회에서의 위상 강화를 시도하고 있다. 2010년 유럽안보협력기구(OSCE), 2011년 상하이협력기구(SCO), 이슬람 회의기구(OIC), 2012년 집단안보조약기구(CSTO), 2016년 유라시아 경제연합 (EAEU), 2017~18년 유엔안보리 비상임이사국을 수임하였다

러시아

러시아는 전통적인 정치·경제 관계 등에 따라 카자흐스탄이 가장 중시하는 전략적 동반자이다. 카자흐스탄은 러시아와 6,467km에 달하는 국경선을 공유하고 있다. 카자흐스탄 내에는 360만 명의 러시아계 카자흐스탄 국민이 거주하고 있으며 양국은 매년 10차례 이상 정상간 회동을 갖고 있다.

양국 간의 교역량은 2017년 160억 불로 전체 교역량의 20%를 차지, 1위 대상국이며 2010년 관세동맹 출범 이후 지속적으로 증가하고 있다. 또한 카자흐스탄은 러시아에 주요 에너지 수송로를

의존하고 있다. 2017년 말 누계 러시아의 대 카자흐 투자액은 82억 불, 카자흐의 대 러시아 투자액은 30억 불을 기록하고 있다. 양국은 2013년 양국 간 선린우호 동맹조약 및 군사협력협정을 체결한 바 있다.

카자흐스탄은 "유라시아 경제공동체", "상하이 협력기구" 및 "집단안보조약기구" 등 역내 다자기구 내에서 CIS 국가 중 러시아와 가장 긴밀한 협력을 유지하고 있다. 카자흐스탄은 소련 해체 이후 가장 늦게 독립을 선언한 나라로 CIS 결성을 주도하였으며 2006 ~ 08년간 CIS 의장국을 수임하기도 하였다. 정치경제 분야에서의 높은 상호 의존도가 지속될 전망인데 2010년 관세동맹(CU), 2012년 단일경제구역(CES), 2015년 유라시아 경제연합(EAEU) 출범을 함께 출범시킨 바 있다.

중국

카자흐 독립 이후 카자흐-중국 경제교류가 비약적으로 발전하였다. 양국 교역량은 약 94억 불로, 중국은 카자흐의 2위 교역국이며, 중국의 대 카자흐 누적 투자액은 200억 불을 넘어서는 등 중국은 카자흐의 3위 투자국 (2017년 기준)이다. 중국은 카자흐스탄의 에너지 분야에 공격적으로 진출하였다. 중국계 기업이 카자흐스탄 원유, 가스 생산 및 재처리 분야의 약 30% 점유, 최근에는 금융지원 등을 바탕으로 희귀 광물자원 개발 및 인프라 건설 등 각종 프로젝트 사업에도 활발히 진출하고 있다. 2,300km에 달하는 서카자흐스탄(카스피해)-서중국 송유관 완공, 투르크메니스탄-카자흐스탄-중국을 잇는 가스관 건설로 중국은 최초로 산유국에서 직접 연결되는 송유관을 확보한 바 있다.

2013년 9월 시진핑 주석은 카자흐를 방문하여 나자르바예프대 강연에서 '신 실크로드 경제벨트'(일대일로) 구상을 최초로 제안하였다. 양국은 2018년 3월 현재 총 277억 불 상당의 51개 사업을 계획 · 실행 중인데 주로 에너지 · 자원, 인프라 분야에 집중되어 있다.

카자흐스탄은 중국과의 경제·안보 협력을 중시하면서 "상하이협력기구(SCO)"를 통해 역내 안보 · 경제협력을 추진하고 있다. 특히 카자흐가 중시하는 산업현대화에 중국 측이 적극적으로 참여함으로써 경제협력 파트너로서 양국 관계의 중요성이 증대하고 있다. 중국의 카자흐스탄 진출은 자원 확보라는 경제적 이유와 함께 신장 · 위구르 접경의 안정을 바라는 정치적 고려도 작용하고 있다.

그러나 최근 카자흐스탄 내에서는 중국의 공격적 에너지 분야 진출, 지나친 대중국 의존도, 저가 중국 상품 및 중국 노동력의 유입 등으로 카자흐의 산업화 기반이 잠식되는 것을 우려한 중국경계론도 대두되고 있다.

미국

미국은 카자흐스탄을 중앙아에서 중요한 우방이자 전략적 파트너로 간주하고 있다. 미국은 1991년 12월 25일, 독립국으로서의 카자흐스탄을 세계 최초로 승인하였다. 2001년 카자흐스탄과 전략적 동반자 관계를 수립한 미국은 에너지 공급원으로서 카자흐스탄을 중시하며, 엑슨모빌, 셰브론 등 미국계 원유 메이저들의 안정적 활동을 지원하고 있다. 미국은 아프가니스탄의 안정을 위해서는 중앙아의 안정이 필요하다는 인식하에 카자흐스탄을 테러리즘, 이슬람 극단주의 확산의 방파제로 중시하고 있다.

카자흐스탄은 에너지 자원에 대한 미국의 관심을 활용, 미국과의 관계 강화를 통해 러시아와의 전통적 관계에 국한되지 않는 전방위 외교 및 에너지 자원 수송로의 다변화를 추진하고 있다. 2018년 1월 나자르바예프 대통령의 미국 공식 방문 계기 양국은 "미-카자흐 21세기 확대된 전략적 파트너십" 및 "미-카자흐 21세기 경제 파트너십"을 제시하고, 역내외 평화 및 안보를 위한 협력 지속 의지를 확인한 바 있다.

유럽연합

카자흐스탄은 전방위 외교의 일환으로 EU와의 관계증진을 도모하고 있다. 나자르바예프 대통령은 2008년 연두교서에서 "Way to Europe" 계획을 발표하고 유럽국가들과의 경제협력 강화 및 카자흐스탄의 법과 제도의 유럽 수준으로의 향상을 목표로 제시한 바 있다.

EU는 러시아에 대한 에너지 의존도를 줄이기 위해 카자흐스탄 등 중앙아 원유, 가스의 직접 도입에 관심을 갖고, BTC 송유관, 남부가스회랑(SGC: Southern Gas Corridor) 등 건설을 추진중이다. SGC는 중앙아-코카서스-터키-그리스-이태리로 연결되는 가스공급망이다. EU는 중앙아 지역에 대한 지정학적 야심이 없음을 강조하면서, 포괄적인 양자 및 지역협력을 통해 정치·경제·사회 발전을 지원하여 궁극적으로 중앙아 지역의 안보 및 교역·투자 여건 개선을 모색하고 있다.

2015년 12월 '카자흐-EU간 확대 파트너십 및 협력에 관한 신협정'이 체결되어 앞으로 EU 뿐 아니라 여타 유럽 국가들과 다양한 분야에서 협력 수준이 심화될 전망이다. 카자흐스탄 교역량의 38.7%, 외국인 직접투자(FDI)의 48%를 EU가 차지하는 등(2017년) 주요 통상·투자 파트너국가로 부상하고 있다. 카자흐스탄은 대 아프간 지원사업과 관련하여서도 EU와 긴밀히 협력하고 있다. 2010년부터 시행해 온 아프간 민간 전문가(엔지니어링, 농업, 의사·간호사 등) 교육 사업에 대해 EU가 재정지원을 하는 방안을 추진중이다. EU는 2019년 하반기 채택을 목표로 새로운'중앙아 전략'을 작성 중이며, 이를 위해 카자흐 등 중앙아 개별국과의 워크

숍 등을 통해 긴밀히 대화중이다.

중앙아시아

2014년 1월 발표한 외교정책 중 최우선 순위는 중앙아 지역 내 국가들과의 신뢰 구축 및 역내 안정에 기반을 둔 경제성장 등 공동 번영을 달성하는 것이다. 그러나 역내 국가들 간의 상이한 경제발전 수준, 수자원, 국경문제 등을 둘러싼 이해 상충 등의 취약성이 통합의 장애요인으로 작용하고 있다.

전력 생산을 위한 댐건설 및 방류량 조절이 필요한 상류국(키르기즈스탄, 타지키스탄)과 이로 인해 수량부족 또는 홍수피해가 우려되는 하류국(카자흐스탄, 우즈베키스탄, 투르크메니스탄)간 갈등관계가 지속되어 왔다. 현재 카자흐스탄 대외교역량에서 중앙아 국가들이 차지하는 비중은 5%에 불과하나, 지역통합을 통해 역내 경제발전 기반을 조성하고, 글로벌 경쟁력을 강화하려고 노력 중이다. 카자흐는 역내 교역 확대를 적극 모색 중이며, 2017년에는 카자흐의 대 중앙아 수출이 전년대비 35% 증가했다.

중앙아의 안정을 위해 아프간의 안정화가 중요하다는 인식 하에, 카자흐는 인도적 지원, 민간 전문가 초청 교육 등 대 아프간 협력을 적극 추진중이다. 미국, EU 등과도 아프간 문제 관련 적극 협력하고 있는데 2018년 1월 유엔 안보리 의장국 수임 시에 안보리 대표단의 카불 방문, 아프간과 중앙아 지역 파트너십 구축에 관한 안보리 각료급 토론 개최 등 아프간 이슈에 관해 적극적 역할을 수행하고 있다.

2018년 3월에는 중앙아 5개국 정상회의(consultative meeting)를 주최하여 경제·통상 협력, 초국경 하천 수자원 이용, 지역안보, 문화·인문 분야 교류 활성화 방안 등 지역협력 강화 방안 논의한 바 있다. 2009년 4월 이후 9년 만에 중앙아 정상회의가 개최된 것이며, 향후 매년 개최하기로 하는 등 지역협력의 새로운 전기를 마련하였다.

중앙아시아 5개국이 공유하는 시르다리야 강과 아무다리야 강의 상류국과 하류국간 수자원 이용을 둘러싸고 이해관계가 대립 중이나, 최근 중앙아 지역경제 발전 및 안보를 위해 수자원의 합리적 이용이 긴요하다는 공통의 인식 도출 등 관련국간 물 문제 관련 협의에 진전을 이루었다.

상류국(키르기즈스탄, 타지키스탄)은 전력난 해소를 위해 대규모 수력발전소 건설 추진하고자 하나 하류국(카자흐스탄, 우즈베키스탄, 투르크메니스탄)은 수력발전소 건립시 농업용수 부족 및 수자원의 정치적 이용 가능성 등에 대한 우려로 발전소 건립에 반대하는 입장이다.

또 다른 문제로는 국경선 획정 문제가 있는데 1920-30년대 소련이 전략적 목적에 따라 중앙아 5개국의 국경을 임의 획정하였으며, 이로 인해 구소련 해체 이후 국경선을 둘러싸고 중앙아 국가 간 분쟁이 발생하고 있다. 구소련 해체 이후 중앙아 국가 간 국경 획정 협의가 지속중이며, 특히 우즈베키스탄, 키르기즈스탄, 타지키스탄 민족이 혼재 거주하고 있는 페르가나 지역을 중심으로 분쟁이 빈발하고 있다.

북한

카자흐스탄은 1992년 1월 북한과 수교하였으나 현재 대사관 및 무역대표부가 폐쇄되었으며 정부 간 인사 교류는 거의 단절된 상태이다. 한-카자흐스탄 간 관계가 확대되는 반면 북한-카자흐스탄 간 별다른 관계 진전이 없자, 북한은 1998년 2월 주카자흐대사관을 폐쇄하고 2000년 11월에는 알마티 주재 무역대표부도 철수한바 있다. 2012년 11월 주카자흐스탄 북한 대사관 재개설 검토를 위해 북한 측 대표단이 방문하였으니 아직까지 진전이 없는 상태이다.

카자흐스탄은 북한의 4차 핵실험(2016년 1월)을 계기로 외교부 규탄 성명을 발표하고, 2016년 2월 북한 대사관 재개설 잠정 불허 결정을 내렸으며, 2018년 3월 현재까지 이러한 입장을 유지 중이다.

카자흐스탄은 북한의 2016년 4차(1.7), 5차 핵실험(9.10)에 대한 외교부 규탄 성명을 발표한데 이어, 2017년 탄도미사일 발사(8.30), 6차 핵실험(9.4), 탄도미사일 발사(11.29)에 대해서도 강력한 규탄 성명 발표한 바 있다. 카자흐 정부는 핵포기 이후 비핵화 정책을 일관성 있게 유지하고 있어 북한의 핵프로그램에 확고하게 반대하는 입장을 견지하고 있다.

06 우즈베키스탄의 산업화

중앙아시아 국가들은 70여년 이상 소련방에 속한 사회주의 국가였다. 주요 정치, 경제적인 정책이나 사회제도는 소련의 표준화된 모델이었다. 각 공화국의 문화적인 특색은 유지되었지만 공용어로 러시아어를 쓰고 교육, 문화, 의료 서비스 등 사회 전반의 제도는 표준화 되어 있었다. 1991년 독립국가가 된 15개 국가에서는 그 시점으로부터 다양한 사회 경제적 변화가 일어나기 시작하였다. 중앙아시아 국가들은 무엇보다도 빠른 경제 성장과 국민 생활수준 향상에 대한 관심이 폭발적으로 나타나기 시작하였다.

대우자동차 공장을 유치한 우즈베키스탄은 한국의 '한강의 기적'에 커다란 관심을 보였다. 카리모프 대통령은 '박정희 전기'를 고려인 학자를 시켜 러시아어로 완역하였다. 정부 관리들이 스터디 그룹을 만들어 독서 후 우즈베키스탄에 적용하는 토론회를 갖게 하였다. 낮에는 일하고 밤에는 스터디 그룹을 만들어 공부하는 열기가 뜨거웠다. 우즈베키스탄의 젊은이들에게 우즈-대우 자동차 공장에 취직하는 것은 밝은 미래를 약속받는 것이었다.

대우 자동차는 현지 기술인력 양성을 위해 수백 명의 우즈벡 인력을 부평공장에 초청하여 기술 교육을 시켰다. 우즈벡 젊은이들은 가슴이 설레었다. 년 30만대 생산 능력의 공장을 건설한 후 대우자동차의 씨에로 모델은 우즈베키스탄뿐만 아니라 러시아, 카자흐스탄을 비롯한 구소련권으로 활발하게 수출되었다. 소련이 붕괴되면서 지굴리 같은 오래된 모델에 의존해왔던 자동차산업이 붕괴되기 시작한 것과도 관련이 있다. 소련 모델들이 자주 고장 나는 취약성을 드러낸데 반해 대우자동차는 견고한 모델로 소비자들의 마음을 사로잡았다. 한국은 기술 수준이 높고 근면한 국가라는 이미지가 널리 알려졌다.

소련 시절 우즈베키스탄의 '폴리타젤' '김병화 농장' 같은 집단농장에서 보여준 고려인들의 근면성 이미지가 한국 상품과 만나면서 거듭 확인되는 과정이었다. 소련 시절 흐루시초프 공산당 서기장이 한인 집단 농장을 찾아 풍성한 수확을 하는 장면을 전 세계에 공개하였다. 흐루시초프 서기장은 이 사진을 통해 소련이 미국보다 우월하다는 것을 과시하려 한 바 있다.

카리모프 대통령은 우즈-대우 자동차 공장 투자유치를 통해 우즈베키스탄 국민들에게 산업입국이 가능하다는 비전을 제공하였다. 이를 계기로 다양한 우리 기업들이 우즈베키스탄에 진출하였다. 수르길 프로젝트의 성공과 함께 롯데호텔은 타쉬켄트에서 우즈벡 호텔을 위탁 경영하여 선진화된 호텔 운영기법을 선보였다.

우리 기업들의 우즈벡 진출이 활발한 반면에 다른 국가들의 움직임은 눈에 띄지 않는다. 이유는 뭘까? 우즈베키스탄이 외국인 투자자의 과실송금에 제한을 가하고 있는 것이 근본적인 원인이다. 독립 이후 30여 년간 우즈베키스탄은 외화 송금을 극도로 제한해왔다. 과실송금이 불가능한 곳에 투자할 기업이 있겠는가?

거기에 더해 2005년 '안디잔 사건'이 외국인 투자에 결정적인 장애물이 되었다. 이 사건은 2005년 우즈베키스탄의 북동부에서 과격 이슬람단체 아크라미야의 조직원 투옥사건으로 인해 발발한다. 이들의 석방을 요구하는 1만여 명의 시위대가 반정부 시위를 벌였다. 카리모프 대통령은 정부군을 투입하여 시위를 무력 진압하였다. 이 과정에서 다수의 희생자가 발생하였다. 카리모프 대통령은 우즈베키스탄 정부를 전복하려는 이슬람 근본주의자들의 침투가 있었다는 입장을 보였다. 그러나 이 사건 이후 미국을 비롯한 유럽 국가들은 우즈베키스탄의 인권탄압을 맹렬히 비판하였다. 그리고 외국 기업들은 우즈베키스탄을 투자 대상국에서 제외하였다.

카리모프 대통령은 이러한 강압조치를 통해서 턱 밑의 키르기즈스탄까지 넘쳐 들어온 색깔 혁명을 막아냈다. 중동에서 시작하여 중앙아시아와 카프카즈 지방까지 요원의 불길처럼 번지던 색깔 혁명은 우즈베키스탄과 카자흐스탄 문턱에서 멈추어 섰다.

우리 기업들이 우즈베키스탄에 대한 투자를 하는 데는 18만 명에 달하는 고려인들의 존재도 있을 것이다. 가난을 피해 연해주로 이주했던 조선인들이 소련에 의해 강제로 이주당하여 정착한 땅이 우즈베키스탄과 카자흐스탄이다. 우리 정부도 우즈베키스탄에 대한 시각이 남다른 이유이다.

아프가니스탄에 수백만 명의 우즈벡인들이 살고 있다. 우즈베키스탄은 아프가니스탄으로 부터 번져올 이슬람 근본주의의 침투에 대해 단호한 방비책을 유지했다. 이슬람 근본주의자들의 침투는 러시아와 CIS국가들의 제일 큰 안보 위협이다. 1979년 소련의 아프가니스탄 침공도 이러한 우려에서 감행되었다고 한다.

2016년 카리모프 대통령 사망으로 새로운 대통령에 취임한 미르지요에프 대통령은 외국인 투자유치에 적극적으로 나서고 있다. 현대차는 2018년 우즈벡 나망간주에 상용차 조립공장 건설을 시작하였다. 2017년 미르지요에프 대통령의 한국 방문의 첫 결과물이다. 수르길 프로젝트 완성 이후 우리 기업들의 대 우즈베키스탄 투자가 증가 추세이다.

미국, 이태리 등은 가스·화학단지 분야에 본격적인 투자를 추진 중이다. 이 분야의 외국인 투자는 2016년 17억 달러, 2017년에는 24억 달러에 달하였다. 한편 우즈베키스탄은 아프가니스탄에 대한 전력공급량도 증가시켜가고 있다.

우즈베키스탄은 2009년부터 투르크메니스탄-우즈베키스탄-카자흐스탄-중국 간 3개의 가스 파이프라인(Trans-Asia-pipeline)을 통해 중국에 대한 천연가스 수출을 해오고 있다. 2020년까지는 10bcm을 수출할 예정이다. 수출량이 50bcm에 이르면 키르기스탄을 경유하는 네 번째 파이프라인도 건설 예정이다.

미르지요에프 대통령은 취임 후 2017-2021 우즈베키스탄 발전 심화를 위한 행동전략을 발표하였는데 국가, 사회 건설 완성, 법치주의 확립 및 사법제도 개편, 경제 자유화, 사회부문 발전, 안보 강화 등 5대 주요과제를 설정한 바 있다. 미르지요예프 대통령은 2017년 한 해 권위주의적 통치 체제의 한계를 극복하기 위해 국민 권익 증진, 여론 존중, 지역 균형발전 등 국민과의 소통 확대와 민심 수렴을 위한 국정개혁을 적극적으로 추진하였다. 미르지요예프 대통령은 2018년을 "기업 활동, 혁신 아이디어 및 기술 지원의 해"로 선포하고 경제 활성화 및 국민의 삶의 질과 실질소득 향상을 위한 국정 전반의 개혁을 지속할 것임을 천명하였다. 그는 높은 국민적 지지도와 강력한 리더십으로 정국을 안정적으로 운영할 것으로 예상된다.

우즈베키스탄이 단순 자원 수출국에서 높은 기술력을 보유한 외국기업과 협력하여 현지 가공율을 높인 고부가가치 제품 생산국으로 전환되어 가고 있다. 신규 광구 개발, 노후화 광구 재개발을 위한 PSA(Production Sharing Agreement)체결, 25년의 탐사 선개발권 부여 등의 혜택을 제공하며 외국기업 투자를 적극 유치하고 있는 것이다.

우리나라와는 2016년 수르길 프로젝트(약 36억 불) 성공적 완수를 포함하여 대형 협력 프로젝트가 진행중이다. 우리 기업이 참여한 칸딤 가스처리공장 건설 사업(26.6억 불)이 2018년 4월 19일 준공되었으며, GTL(gas-to-liquid, 26.3억 불), 타히아타쉬 화력발전소(4.28억 불) 건설 사업, 지작 주 신규 정유공장(22억 불)도 순조롭게 추진중이다.

우즈벡 신정부의 사회·경제 분야 개혁에 따라, 한·우 양국은 국민들의 가치 있고 풍요로운 삶을 보장하고 지속가능한 국가경제 발전을 지향하는 경제 협력을 추진중이다. 양국은 산업 다변화와 기술 현대화, 공공부문 역량강화, 교육, 의료·보건 및 사회 인프라 건설 등으로 협력의 범위 다변화를 추진중이다.

우리나라는 우즈베키스탄을 ODA 중점협력대상국으로 선정하고, 교육, 물관리, 공공행정 등의 분야에서 유무상 협력 사업을 추진중이다. 주요 무상협력 사업으로는 타슈켄트와 사마르칸트 직업훈련원 건립, ICT 기반의 물관리 마스터플랜 수립, 관세행정 현대화 사업 등이 있다. 주요 유상협력 사업으로는 아동병원 건립사업, 교육정보화 사업, 데이터센터 건립 등이 있다.

우즈베키스탄의 개혁추진 이래 세계은행은 재정지원 규모를 효율적으로 확대했으며, 우즈벡에 대한 세계은행의 투자규모는 유럽 및 중앙아시아에서 가장 큰 규모에 이르렀다. 현재 총 18건의 프로젝트에 33억 달러가 투입되고 있다. 세계은행의 투자를 받는 프로젝트는 주로 경제, 제도개혁, 농업, 의학, 교육, 수자원, 에너지, 교통, 디지털 지역개발 등이다.

우즈벡에는 고려인 동포 18만 명이 거주하고 있다. 상원의원 2명, 하원의원 1명이 재임중이며, 신 아그리피나 상원의원이 초대 유아교육부 장관에 임명되는 등 우즈벡 고려인의 위상이 제고되고 있다. 우즈벡 주요 인사들은 고려인의 성실 근면함에 대한 긍정적 평가가 한국을 주요협력 파트너로 판단하게 된 이유 중 하나라고 언급하고 있다. H-2 비자 발급 등을 통해 고려인의 국내 취업이 용이해졌으며 현재 약 1만 9천 여 명의 고려인이 국내 체류 중이다. 2018년 9월 고려인 기업인 협회와 한국 지상사 협회 간 협력체인 한국비즈니스협의체(Korean Business Society)가 창설되기도 하였다.

미르지요에프 대통령의 경제 자유화 정책이 시작된 지 2년이 되었다. 우리나라를 비롯한 많은 국가들이 이러한 개혁을 주시하고 있다. 그러나 과연 우즈벡 정부가 이러한 정책 기조를 일관성 있게 추진해 나갈지는 좀 더 지켜보아야 한다. 투르크메니스탄에서도 2006년 16년간 철권통치를 이어온 니야조프 대통령이 사망하였다. 그 뒤를 이어 집권한 베르디무하메도프 대통령이 취임하자마자 개혁개방 정책을 추진했지만 몇 년도 안가서 권위주의 통치방식으로 돌아갔다. 아프가니스탄에 인접한 투르크메니스탄이나 우즈베키스탄의 경우 이슬람 근본주의자들의 침투와 그로 인한 정세 불안 가능성에 대한 경계심을 늦추지 않고 있다.

07
수르길 프로젝트의 완성

수르길 가스전개발 및 가스화학 플랜트는 39억 불 규모로 한국 컨소시움(가스공사 22.5%, 롯데케미컬 24.5%, GS E&R 3%)과 우즈벡 석유가스공사가 50:50 공동으로 아랄해 인근에 조성하였다. 생산되는 제품은 중국, 동유럽, CIS국가에 수출되며 우즈벡 정부가 일정 수익(내부수익률 15%)을 보장한다. 2012년 21억 불 규모의 EPC공사를 시작 2015년 9월에 준공하였고 2016년 상업생산을 시작하였다. 향후 25년간 양국이 공동운영할 계획이다.

우즈베키스탄의 수르길 프로젝트는 어떻게 완성되었을까?

우즈벡의 카리모프 대통령은 살아생전 영원한 라이벌이었던 나자르바예프 대통령과의 끝없는 경쟁을 하였다. 수르길 프로젝트는 카리모프 대통령의 유산이다. 프로젝트의 성공에는 우즈벡 정부의 보증이 제일 중요한 조건이었다.

인구가 카자흐스탄의 두 배에 가까운 우즈베키스탄이지만 일인당 국민소득은 1인당 3천불로 카자흐스탄의 5분의 1에 불과하다. 그러한 상황에서 산업 프로젝트를 어렵게 성사시킨 모습은 1960년대부터 우리나라가 이룩했던 산업화 과정을 연상시킨다.

수르길 프로젝트는 운영초반 암초를 만났다. 우즈벡 당국이 외환부족을 이유로 프로젝트에서 생산되는 가스의 우즈베키스탄 국내 판매 물량에 대한 대금 지불을 연체하였고, 판매단가의 인하도 요구한 것이다. 또한 우즈벡 정부 일각에서는 우리 기업에 대한 특혜가 과다하다는 문제도 제기 되었다. 우리 대사관은 한국 기업 컨소시움의 투자에 대한 사항을 존중해 줄 것을 강력하게 요청하면서 끈질기게 우즈벡 정부를 설득하여 합의에 이르렀다.

미르지요에프 대통령은 취임 직후 이 프로젝트를 상세히 재검토하였다. 그러나 한국 방문 후 계약의 변경 없이 그대로 이행하기로 하였다. 향후 우리 사업자가 우즈벡 파트너들과의 관계를 잘 관리해나가야 한다는 경고등은 켜진 것이다. 러시아나 중국, 중동, 그리고 중앙아시아에서도 상황변화에 따른 사업성의 급격한 부침에 각별한 주의가 필요한 것이다. 신흥 시장에서 진행되는 프로젝트의 경우 계약단계부터 운영단계에 이르기까지 우리 정부와 대사관의 각별한 관리가 필요함을 일깨워 주는 경우이다.

수르길 프로젝트의 사례는 중앙아시아 정부보증의 한계성을 보여주는 사례가 될 것이다. 카자흐스탄은 독립 후 초기 경제 성장을 위해 정부보증을 남발했던 후유증을 겪고 있다. 우즈베키스탄이 수르길 프로젝트에 정부보증을 제공한 것은 독립 후 사실상 첫 번째 대형 프로젝트이기 때문이다. 앞으로 다른 프로젝트에 정부보증을 제공 할 수 있을지에 대해서는 불확실성이 존재한다.

08 우즈베키스탄의 대외정책

미르지요에프 대통령은 카리모프 전 대통령 시절의 정치동맹 불가입, 외국 군사유치 불가, 우즈벡군 해외 파병 불허 유지 등 실용주의 외교정책 기조를 유지할 것으로 보인다. 카리모프 대통령은 2012년 대외정책법을 제정, 우즈벡 정부의 외교정책 기본 방향으로 미국, 러시아 등 강대국 사이 균형 잡힌 외교 방향을 규정하였다. 우즈벡은 구소련 해체 이후 탈러시아 정책을 추진했으나, 안디잔 사태(2005)로 인해 미국과 서방으로부터 정치개혁 및 인권개선 압력을 경험한 후로 러시아-서방 간 균형외교 정책을 유지해 왔다.

우즈벡은 미국과 러시아의 아프가니스탄 및 중앙아 내 영향력 확장 시도에 대응하여 러시아와 서방(미국) 사이에서 자국의 이익을 추구하는 실리외교 기조를 유지해 나갈 것으로 전망된다.

아프가니스탄

우즈벡은 아프간 문제 등 중앙아 역내 현안에서 주도권을 확보하기 위해 노력하고 있다. 유엔과 공동으로 중앙아 지역의 지속가능개발과 안보에 관한 국제회의를 개최(2017년 11월, 사마르칸트)하여 역내 정세 안정, 교역·투자 확대, 개발협력을 촉진하였다. 이 회의에는 미르지요예프 대통령, 유엔사무차장보, EU 외교안보고위대표, 유럽안보협력기구(OSCE) 사무총장, 중앙아 5개국·아프가니스탄·이란 외교장관 등 500여 명이 참석하여 중앙아 평화·안보, 지속가능 개발, 호혜적 물·에너지 사용 등을 논의하였다.

또한 미르지요예프 대통령 주도로 아프간 평화 및 역내 협력을 위한 '아프간 문제에 관한 타슈켄트 국제회의'를 개최하였다. 타슈켄트 선언 채택으로 아프간 주도 평화 프로세스 지지, 탈레반에 직접 대화 노력 촉구, 대테러 및 불법마약 유통 근절, 아프간과 지역협력 중요성을 강조하였다.

이슬람 극단주의의 국내 유입 차단을 명목으로 그간 소원했던 터키, 사우디 등과의 관계 발전을 도모하는 한편, 이슬람협력기구

(OIC)를 통해 이슬람국가와의 경제적 실익을 추구하고 있다. 우즈벡 정부는 2016년 10월 타슈켄트에서 개최된 제43차 OIC 외교장관회담에서 '이맘 부하리' 사마르칸트 국제학술센터 건립을 제안, OIC와 이슬람개발은행 지원하에 건립 중이다. 2017년 9월, 아스타나에서 제1차 OIC 과학기술협력 정상회담이 개최되어 이슬람 국가들 간의 과학, 교육, 학술 협력의 중요성을 강조하였다.

내륙국가인 우즈벡은 인도양·페르시아만으로의 출구확보를 위해 아프간 안정화 및 이란, 파키스탄 등과의 관계 증진을 도모하고 있다. 앞으로 우즈벡은 중앙아시아와 중동을 연결하는 '우즈베키스탄-투르크메니스탄-이란-오만' 교통회랑 구축에 참여할 것으로 보인다.

러시아

우즈벡은 소련방 해체 이후 러시아의 영향력에서 벗어나고자 '탈러 독자외교'를 추구하는 동시에 실질협력 관계를 유지하는 실리외교를 추구해왔다. 러시아는 우즈벡의 1위 교역 상대국이다.

미르지요예프 신정부 출범 이후 우즈벡-러시아 관계는 긴밀화되고 있다. 카리모프 전 대통령 서거 후 메드베데프 총리의 카리모프 대통령 영결식 참석 및 푸틴 대통령의 우즈벡 전격 방문 등 우즈벡 내 영향력 확보를 위한 러 측의 정치적 접근이 강화되고 있다. 우즈벡 신정부로서도 경제발전을 위한 투자유치, 이슬람 극단주의 세력 대응 등 경제, 안보 분야에서의 대러 협력 필요성이 증가하고 있다. 미르지요예프 대통령은 2017년 4월 러시아를 방문, 석유가스공사-러가즈프롬 간 5개년 가스매매계약 등 에너지, 농업, 군사기술 등 150억 불 상당 문건을 체결하고, 러시아내 우즈벡 노동쿼터 확대 및 우즈벡산 농산품 수출 확대 등에 합의하였다.

우즈벡 신정부는 투자유치, 교역확대 등 경제 분야 성과거양에 대한 국민적 기대에 부응하기 위해 러시아와의 협력을 계속 확대해 나갈 것으로 전망된다. 우즈벡 신정부가 전격 추진 중인 경제자유화 정책의 성공을 위해서는 외자유치를 통한 대규모 프로젝트 추진이 긴요하기 때문이다 다만, 러시아로서는 정치·외교적 측면에서 우즈베키스탄의 정책 변화가 원하는 수준에 미치지 못할 경우 경제협력 속도를 조절할 가능성도 상존한다.

중국

양국은 '우즈벡-중국 포괄적 전략적 협력 동반자' 차원에서 에너지, 교통 인프라 및 상하이협력기구(SCO) 차원의 역내 안보 공조 등 다양한 분야에서 적극 협력중이다. 우즈벡의 최대 교역국이자 투자국인 중국은 풍부한 지하자원과 물류거점 확보 차원에서 우즈벡과 교통인프라 등 대규모 프로젝트 적극 추진중이다.

우즈벡-키르기즈-중국을 연결하는 '안그렌-팝' 철도(19억 불)

를 개통하였고 2017년 5월 미르지요예프 대통령 방중 계기 50억 달러 규모의 석유·가스 분야 협정도 체결하였다. 우즈벡-중국과의 교역량(2016년)은 42.4억 불, 투자액은 78억 불이며 700여 개 중국 기업이 활동 중이다.

우즈벡 신정부로서는 경제 개혁 성과거양을 위해 외자유치, 대규모 프로젝트 추진이 긴요한 상황이며, 중국 정부도 고속성장 한계 국면을 돌파하기 위해 동남아, 중앙아 등으로 자국 경제적 영향력 확대에 주력하고 있어 우즈벡과의 경제협력을 중시하고 있다.

미르지요예프 신정부는 중국의 '일대일로' 구상이 실크로드의 부활과 지역 경제협력 촉진에 기여할 것이라고 평가하며 중국과의 협력에 적극적인 입장이다. 양국 정부는 마약, 테러, 극단주의 공동 대응에 있어서도 공조가 필요하다는 인식하에 SCO 차원에서의 교류 강화 등 협력을 강화하고 있다. 미르지요예프 대통령은 일대일로 정상회담(2017년 5월)에서 실크로드 지역에서의 대규모 경제 프로젝트 실행, 중앙아-남아시아-유럽을 연결하는 교통물류 노선의 건설 필요성을 강조하였다.

미국

2005년 안디잔 사태 이후 미국은 우즈베키스탄을 군수물자 수출금지국으로 지정하였으나, 2014년 미군 및 NATO군의 아프간 철수 이후 대인지뢰, 장갑차 등 방산장비를 무상 지원하면서 군사·안보분야 협력을 확대해 나가고 있다. 미국은 아프가니스탄의 안정, 초국경적 위협 대응, 에너지 안보 등의 필요성에 따라 대 중앙아 영향력 확대를 위해 우즈베키스탄과의 협력을 강화하고 있다. 카리모프 우즈벡 대통령은 안디잔사태 이후 미국과의 관계에 거리를 두어왔다. 타쉬켄트 주재 미국 대사가 외무성과의 접촉이 어렵다고 호소할 정도였다. 우리 정부는 미국의 요청에 따라, 우즈벡에서 아프가니스탄으로의 전력공급사업과 관련 협조를 제공하기도 하였다.

미국은 2015년 9월 'C5(중앙아 5개국)+1 외교장관 회담'을 출범시켜, 매년 개최중이다. 미국은 우즈벡-미국 정책협의회(외교장관/미국 차관보), C5+1 외교장관 회담 등 고위급 회의 정례 개최를 통해 정치, 경제, 안보 분야 협력을 유지해 나가고 있다.

2014년 말 조지 크롤 신임 주카자흐스탄 미국대사는 이 회담의 준비를 위해 나를 방문하였다. 그는 조지아, 벨라루스, 우즈베키스탄 대사를 역임한 미 국무성의 러시아 전문가여서 나와 여러 가지 공통점이 있었다. 나는 우리나라의 한·중앙아 협력 포럼의 운영실태에 대한 상세 브리핑해주었다. 크롤대사는 소련 붕괴 후 미국의 대 중앙아시아 정책은 카자흐스탄에 대한 석유 메이저회사의 투자와 아프가니스탄에 대한 군사지원기지에 중점을 두어왔다고 한다.

그러나 이제는 개별 이슈에 집중하는 접근방식을 탈피하여 종합적인 정책 방향을 수립하고자 한다고 하였다. 중앙아시아 지역은 러시아, 중국 등이 각축하는 현장이며 유라시아 대륙의 발전에 따라 전략적으로도 매우 중요한 지역으로 부상할 것이므로 이에 대한 준비를 해나가야 한다고 하였다.

우즈벡 신정부는 국민권익 강화, 민주주의 확대 등 정치개혁을 추진하면서 적극적인 해외투자 유치를 위해 노력하고 있으며, 미국 등 서방과 협력 확대를 희망하고 있다. 미르지요예프 대통령은 2017년 미국을 방문하여 농업, 석유, 가스, 에너지, 의료장비 생산 등의 분야에서 미국 기업의 참여 방안을 논의하였고 양국 기업 간 26억 불 상당의 계약을 체결한 바 있다. 2005년 이후 사실상 동결되었던 양국관계가 이제 협력관계로 변해가고 있다.

중앙아

우즈베키스탄은 인근 중앙아시아 국가들과의 관계 증진을 대외정책의 최우선 과제로 추진하면서 중앙아 5개국 정상회의를 통해 중앙아 국가들 간 새로운 협력의 전기를 마련한 것으로 평가된다. 또한 국경 및 수자원 문제로 갈등 관계에 있던 키르기즈 및 타지키스탄을 17년 만에 방문하여 키르기즈 및 타지키스탄과의 국경·수자원 문제 일부 합의 도달, 타지키스탄과의 직항 재개 및 철로·도로 복원에 합의하였다.

카리모프 전 대통령은 국경, 수자원, 민족 문제 등으로 키르기즈, 타직과는 일정 거리를 유지한 바 있다.

전통적으로 중앙아시아 내 맹주 자리를 두고 경쟁과 협력의 관계를 유지해 온 카자흐스탄을 정치적으로 대등한 관계로 인식하면서도, 카자흐스탄이 강점을 가진 에너지, 교통·물류 분야에서 실질협력 증진을 도모하고 있다. 미르지요예프 대통령은 취임 이후 2차례 카자흐스탄을 방문, 관계 개선을 도모하고 있다.

투르크메니스탄과는 인프라, 에너지 분야 실질협력 강화를 추진중이다. 미르지요예프 대통령은 취임 이후 2차례 투르크메니스탄을 방문하여, 아무다리야강 교량 개통, 카스피해 유가스전 공동개발 등에 합의한 바 있다.

키르기스탄과는 국경 문제, 수자원 이용 등 그간 관계 발전의 걸림돌이 되어 온 이슈에 있어 일부 진전을 이룸으로써 양자관계 개선을 위한 전기를 마련하였다. 미르지요예프 대통령은 26년간 합의점을 찾지 못했던 양국 간 국경획정 문제를 일부 해결하고 상류국인 키르기즈의 수자원 공동이용에 합의하였다.

타지키스탄과는 양국 간 갈등이 원인이 되어 온 수자원 문제 관련 일부 협의 진전을 이룸으로써 관계 개선 분위기를 조성해 가고 있다. 1997년 타지키스탄 민족분쟁 이후 중단된 타슈켄트-두샨베

간 직항로가 20년 만에 재개되었으며, 문화주간 및 상품박람회 상호 개최되고 있다.

북한

우즈베키스탄은 1992년 1월 북한과 수교하였으나 북한 주재 상주대사관을 설치하지 않고 주중 대사관이 겸임하고 있다. 북한은 1993년 7월 주우즈베키스탄 대사관을 개설하였으나, 2016년 8월 우즈벡 정부가 북한의 잇단 도발에 대한 대응조치로 폐쇄하여 현재 중앙아 내 북한대사관은 전무한 상태이다.

우즈벡 정부는 2011년 2월부터 자국 주재 북한 대사에 대한 아그레망을 부여하지 않아 대사대리 체제로 운영되어 오다가 2016년 8월 폐쇄조치하였다.

09
중앙아시아의 경쟁구도형성

미르지요에프 우즈베키스탄 대통령의 등장으로 중앙아시아 지역은 본격적인 경제성장 지역으로 부상하고 있다. 중앙아시아의 선두 주자인 카자흐스탄과 우즈베키스탄의 선의의 경쟁은 지역 전체에 경제성장의 희망을 보여주고 있다. 중앙아시아 5개국의 총인구는 6천 만 명 수준이다. 그러나 출산율이 매우 높고 국가의 출산장려정책도 주목할 만하다. 앞으로 20여년이 흐르면 출산율이 지속적으로 떨어지는 러시아 보다 중앙아시아의 총 인구가 더 커질 수도 있다는 전망도 있다.

카자흐스탄과 우즈베키스탄이 개방적인 경제정책을 유지하고 서로 페이스메이커의 역할을 해 줄 것으로 보인다. 두 나라 모두 새로운 정치적 리더십의 등장이 예고되고 있다. 초기 국가 형성의 단계를 지나 30여년 축적된 경험을 바탕으로 유라시아의 주요 지역으로 부상될 것이다.

이 땅에서 우리 기업인들과 유학생, 외교관들이 흘린 땀과 노력이 결실을 거둘 때가 다가오고 있다. 우리나라와 중앙아시아의 지도자들 간의 정상회담과 한·중앙아 포럼을 통해서 그 동안 형성되어온 네트워크를 좀 더 효율적으로 관리하고 키워 나갈 때이다. 우리나라 경제 부처와 금융권의 시니컬한 시각을 바로 잡고 미래의 가능성에 유의해야 할 때이다. 1990년대 초반 몇 년을 빼고 나면 중앙아시아 지역은 우리 중앙정부의 철저한 무관심 속에서 현지 대사관과 진출 기업들이 피와 땀으로 일구어온 시장이다.

우리나라를 향한 중앙아시아인들의 관심과 열정에 부응하여 우리도 상호 이익이 되는 솔루션을 제공해야 할 때이다. 정상회담을 장식하기 위한 급조된 양해각서를 준비할 것이 아니라 진출기업인들이 경제협력의 토대를 좀 더 효율적으로 활용하는데 힘을 보태주는 정상회담을 준비해야 할 때이다. 수많은 정상회담이 열렸지만 경제부처 장·차관의 별도 방문이 없었고 의회지도자들의 방문도 거의 없었던 기형적 접근 방식을 바꾸어야 할 때이다. 정상회담 무용론을 불식시키고 결실을 맺는 정상회담과 고위 정치 인사의 방문이 되도록 해야 한다.

미국, 중국, 러시아, 유럽연합이 중앙아시아에 다 자리 잡은 후에 뒷북치는 일만은 하지 말기를 기대해 본다.

에필로그

스텝에는 *삭사울이라는 관목이 자란다. 모래바람과 회오리바람 속에서도 자라나는 식물이다. 만져보면 뾰족하고 딱딱하여 탈 것 같지도 않다. 이 삭사울에 불을 붙여 고기를 구우면 그 나무의 향이 배어 최고의 맛이 난다. 오랫동안 타고 화력도 좋다.

카자흐스탄은 1992년 봄 냉전의 종식이라는 인류 역사상 가장 흥겨운 축제기간에 새로운 시장경제로 꽃을 피웠다. 석유와 가스 값이 뛰어오르자 시장경제가 가져오는 즐거움에 환호하기도하였다. 산업 국가들은 카자흐스탄에 러브 콜을 보내고 방문단이 쇄도했다. 문전성시를 이루었다.

2008년 어느 날 카자흐스탄은 듣도 보도 못한 미국발 서브프라임 모기지의 허리케인을 맞아 휘청거리기 시작했다. 올라가기만 하던 경제 지표들이 거꾸로 떨어졌다. 카자흐 정부와 국민들은 시장경제의 부정적 효과에 전율을 느꼈다. 몸을 추슬러 조심스럽게 재기를 도모하다 러시아에 대한 경제 제재라는 초대형 토네이도를 맞이하였다. 카자흐 시민들은 텡게화를 싸들고 환전소로 향했지만 이미 달러나 유로화로 바꿀 수 없었다. 카자흐스탄은 이 토네이도 뒤에 미국발 셰일 혁명이 있다는 것을 이제야 절감하기 시작했다.

이제 유가가 폭죽처럼 치솟아 오르던 2008년 상황은 한 여름 밤의 폭죽놀이였고 다시 그런 날이 오지 않을 거라는 것을 깨닫고 있다.

카자흐스탄에는 무엇이 남았을까? 외국인 투자를 받아들여 시도했던 산업화, 인재양성을 위한 투자, 공공행정서비스 향상, 철도, 도로 건설 등 인프라 구축, 국제 평화와 경제, 환경분야 발전 노력의 유산은 카자흐스탄 곳곳에 남아 있다.

폐쇄형 경제 시스템으로 폭풍의 계절을 견디어온 우즈베키스탄은 이제 개방형 경제로의 전환을 시도하고 있다. 세계은행 등 국제경제기구의 지원과 유럽, 미국의 투자, 우리나라의 투자와 ODA제공을 잘 활용하여 경제 성장을 이루어 나갈지가 관전 포인트이다.

우즈베키스탄의 개방형 경제정책은 중앙아시아의 맹주 다툼을 하는 카자흐스탄에게도 희소식이다. 서로 경쟁하면서 페이스메이커 역할을 할 것으로 예상된다.

카자흐스탄이 30여 년 간 겪은 시장경제 경험을 바탕으로 삭사울처럼 단단하고 화력이 강한 유라시아의 주요 플레이어로 등장할지 기대해본다.

*삭사울(saxaul: Haloxylon ammodendron): 비름과에 속하는 '사막나무'라 불리는 식물. 중동과 중앙아시아의 사막에 분포.